T0122525

NOS LANGUES ET L'UNITÉ DE L'EUROPE

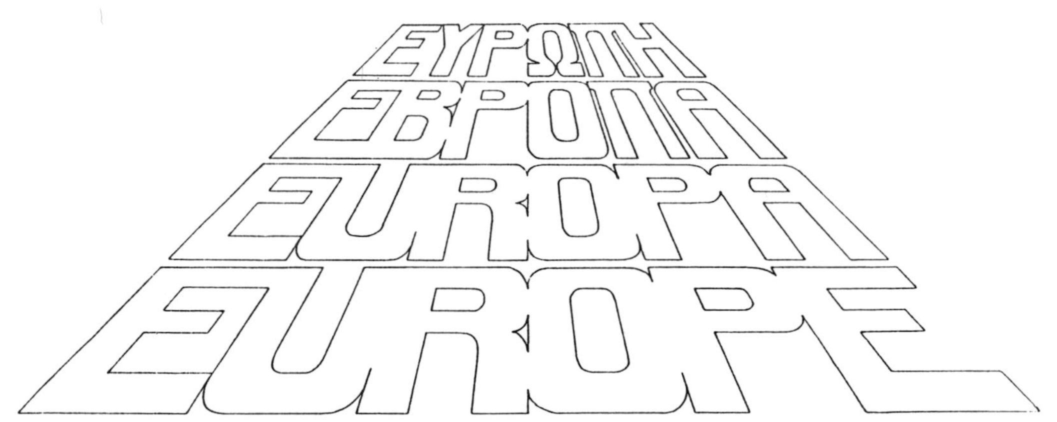
ΕΥΡΩΠΗ
ЕВРОПА
EUROPA
EUROPE

BIBLIOTHÈQUE DES CAHIERS DE L'INSTITUT DE LINGUISTIQUE DE LOUVAIN

Observatoire Linguistique/Language Watch

NOS LANGUES ET L'UNITÉ DE L'EUROPE

ACTES DES COLLOQUES
de Fleury (Normandie) et Maiano (Prouvènço)

Édités par Philippe BLANCHET

Préface de André MARTINET

Publica emé l'ajudo dóu Counsèu Regiounau de Prouvènço

PEETERS
LOUVAIN-LA-NEUVE
1992

D/1992/0602/76 ISSN 0779-1666 ISBN 90-6831-439-4

et Publications Linguistiques de Louvain
Place Blaise Pascal 1,
B-1348 LOUVAIN-LA-NEUVE

Printed in Belgium

TABLE DES MATIERES / ENSIGNADOU

PREFACE

André MARTINET
Professeur émérite à l'Université Sorbonne-Paris V

Resumit *: Lou Proufessour Martinet esplico qu'es d'acouàrdi 'mé l'idèio de parla mant uno lingo, bord qu'es dins la naturo mumo dóu lengàgi d'èstre fa de lingo diferènto. Fa vèire coumo lei noucien de raprouchamen e d'escartamen fan sèmpre soun obro dins lei liame entre lei lingo. Clavo emé dous poun mes en relèu : proumié que la voulounta deis ome de fa viéure uno lingo pòu juga un role foundamentau dins l'istòri, mai fouart que lei besoun simplas liga ei sòu; puèi qu'es impourtant d'asata lei poulitico lenguistico à cade coumunauta, estènt que lei gènt, se li fa mestié en tóuti de saupre mant uno lingo, an pas tóuti lei mùmei baso e lei mùmei besoun.*

L'idée d'un plurilinguisme à l'échelle de l'Europe, aussi bien que dans un espace plus vaste, a mon plein accord. Elle est celle que défend le Centre mondial d'information sur l'éducation bilingue dont je suis le président. Nous ne devons jamais oublier que l'existence de langues distinctes est une caractéristique fondamentale du langage humain. Si, comme je le pense, les langues changent parce qu'elles doivent constamment satisfaire aux besoins divers et changeants des différentes communautés, il y aura toujours alternance de convergence et de divergence et nécessité, pour comprendre l'autre, d'apprendre sa langue.

L'exemple de la France contemporaine illustre bien ce processus constant de convergence et de divergence linguistiques. Jusqu'à la fin du XIXe siècle, ce pays, contrairement à ce que croyaient ses classes dirigeantes et les étrangers qui étaient en contact avec eux, présentait une extrême bigarrure langagière, avec ses patois d'oïl et d'oc, ses zones bretonnantes, son Pays basque, le flamand du Nord, les parlers germaniques d'Alsace et de Lorraine, le catalan du Roussillon et les parlers de Corse. Tout ceci, à quelques exceptions près, est en voie de résorption. Mais, en face de ce recul de la variété résultant de permanentes tendances centralisatrices, il y a, aujourd'hui, tendance à la diversification du fait de la nécessité, pour la France, de s'ouvrir plus largement sur le monde. C'est essentiellement l'anglais qui en profite. Hors de France, on constate un recul du français devant l'anglais. En France, on relève une préférence donnée à l'anglais, dans les lycées et les collèges, aux dépens des autres langues étrangères. Mais il ne faudrait pas croire que cette préférence est universelle. Un exemple : dans le département des Landes, on a institué, dans toutes les écoles, des cours de langues étrangères. La proportion des langues choisies a dû partiellement dépendre des possibilités de recrutement des maîtres. Mais il reste intéressant de noter une courte majorité relative pour l'espagnol ; ceux d'entre nous qui connaissent le Sud-Ouest savent l'attirance qu'on y constate pour cette langue. L'anglais suit de très près. Mais l'allemand occupe une place importante. Ce dernier trait se relève aussi à Paris : beaucoup de lycéens se prononcent pour l'allemand. Sans doute font-ils aussi de l'anglais, mais leur interêt se porte plutôt sur l'autre langue.

Il y a un problème de volonté et d'affirmation des langues qui joue, indépendamment des conditions purement économiques qui règnent sur le monde contemporain. Nous n'avons pas assez mis en valeur, aujourd'hui[1], les cas de volontarisme linguistique. On pense à celui qui a parfaitement réussi : l'hébreu. Voilà une langue qui avait disparu depuis des millénaires. Au temps de Jésus, on parlait déjà l'araméen en Palestine et non plus l'hébreu. Or nous avons aujourd'hui une langue qui a été recréée et qui fonctionne ! Un autre cas a été mentionné en passant aujourd'hui, c'est celui du basque. Il y a deux ans, il y a eu, de septembre à décembre, à Donostia, c'est-à-dire à San Sebastian -les villes du pays basque ont maintenant des noms basques- une série de congrès sur toutes les activités humaines, à commencer d'ailleurs par la linguistique, parce qu'on s'est bien rendu compte qu'il y avait là, pour la promotion de la langue, un problème essentiel à résoudre. Les autres langues que le basque n'étaient pas exclues, mais, dans chaque discipline, il y a eu des gens qui ont présenté leurs recherches en basque pour montrer que le basque peut tout dire, traiter de toutes les sciences. C'est simple : il n'y a qu'à fabriquer des mots. Les Français ne se rendent pas compte qu'il y a des langues où l'on a consciemment constitué tout un vocabulaire de la pensée abstraite. En irlandais, par exemple, on a fabriqué toute une terminologie scientifique. On ne peut pas dire toutefois que la tentative irlandaise ait réellement abouti. Et pourtant, l'irlandais, contrairement à l'hébreu, n'avait pas disparu.

Il est un autre point sur lequel je voudrais insister : on ne peut pas présenter une seule et même politique linguistique pour tous les pays. Les conditions sont si différentes d'une nation à une autre qu'il faut nécessairement repenser chaque fois cette politique, même si l'on est généralement d'accord sur la promotion du plurilinguisme. Les Français, par exemple, ne savent pas ce qu'est un accent tonique. Pour qu'ils puissent comprendre que, dans les plupart des langues qui les entourent, on ne peut identifier un mot que si une syllabe donnée y est mise en valeur. Pour les conditionner à l'apprentissage d'une de ces langues, il conviendrait de les exposer, dès la maternelle si possible et, au plus tard, vers sept ou huit ans, à une langue qui connaisse l'accent, que ce soit le grec, le danois ou le portugais. Et je n'envisage pas ici un conditionnement plus général : les Français ont été si longtemps habitués à la prépondérance du français dans le monde qu'ils n'ont pas compris pourquoi il leur faudrait apprendre les langues étrangères. Mais ceci est aujourd'hui en voie de disparition.

Il faut donc reposer le problème pour chaque pays, pour chaque langue, et même dans chaque circonstance. Et ne pas oublier que la volonté joue un grand rôle en matière langagière : une langue peut être sauvée si l'on a la volonté et les moyens de le faire.

---

[1] Ce texte est celui de l'allocution du Professeur Martinet au colloque de Fleury [Ph. B.].

AVANT - PROPOS

Deux colloques pour un volume

Le présent volume contient les textes et les résumés bilingues des communications prononcées au cours des deux premiers colloques du cycle européen de débats publics *Nos Langues et l'Unité de l'Europe* organisé par l'Observatoire Linguistique. Ils ont eu lieu le 12 mai 1990 à Fleury-sur-Andelle, en Normandie, pour le colloque inaugural, dont la présidence d'honneur fut assurée par le Professeur André Martinet, et à Maillane, village natal de Frédéric Mistral, écrivain provençal, prix Nobel de Littérature, le 28 octobre 1990.

Le colloque de Maillane était jumelé à un colloque qui a eu lieu à Huy, en Wallonie (Belgique) le 10 novembre 1990, et dont les *Actes* ont été publiés par *l'Union Culturelle Wallonne* et le *Centre de Recherche et d'Information du Wallon à l'Ecole* à Liège en 1991[1]. Ces deux colloques avaient pour thème **"La réalité du réseau linguistique roman dans les communications européennes : le rôle des langues régionales"**. Les langues régionales envisagées plus spécifiquement sont celles des régions où les colloques ont eu lieu, et qui ont été largement employées lors de ces colloques, c'est-à-dire le provençal et le wallon.

Une seule exception a été faite : la communication présentée par Guy Jucquois au colloque de Huy est publiée ici et non dans le volume des *actes* de Huy, pour des raisons d'espace. Le texte en est en effet assez long, et le volume préparé par nos collègues wallons ne pouvaient l'accueillir. Je me fais donc une joie de publier ici cette contribution éminente à notre réflexion.

Les communications introductives présentées par David Dalby lors des deux colloques à Fleury et à Maillane étant globalement identiques, j'ai choisi en accord avec lui de présenter un seul texte incluant les particularités de chacune.

Le texte introductif que j'avais préparé pour Fleury ayant pu être publié et diffusé auprès des participants grâce à l'Agence de Coopération Culturelle et Technique (organisme international de la francophonie) afin d'alléger les présentations orales au cours du colloque, je n' en ai inclus ici qu'un résumé. Une version complétée de ce texte a d'ailleurs été publiée par ailleurs[2].

---

[1] Disponibles auprès du CRIWE - rue Général de Gaulle, 71 - B-4020 LIEGE.

[2] On en trouve d'ailleurs une version complétée dans Ph. Blanchet (ed.) *Diversité linguistique, idéologie, et pluralisme démocratique*, *Cahiers de l'Institut de Linguistique de Louvain* n° 18, 1992.

L'harmonisation de la présentation des différents textes n'est pas complète : j'ai préféré respecter le mode d'expression écrite propre à chaque auteur. Ici aussi la diversité est pertinente.

Les interventions qui n'ont pas fait l'objet de texte rédigé sont résumées à partir d'enregistrements audio-visuels. Les débats étant ouverts au public, celui-ci a pu participer et intervenir, sans que nous connaissions les noms de toutes les personnes présentes dans la salle ni même de toutes celles qui ont pris la parole. Aussi je ne peux citer dans ce volume que les noms des participants invités.

Un vaste panorama sociolinguistique

L'ensemble des textes réunis dans le présent volume, à travers des réflexions théoriques globales ou des exemples, notamment celui de la langue provençale, dont on peut souvent généraliser la portée à d'autres langues, envisagent les problèmes posés par les relations de plus en plus denses entre les hommes, par la constitution de structures étatiques plus larges -mais aussi plus souples et décentralisées-, par le fonctionnement des langues dans les sociétés, par la prise en compte de la diversité linguistique, et donc culturelle, conçue comme positive, dynamique et rentable, et inévitable d'une façon ou d'une autre. Universitaires, enseignants, écrivains, hommes politiques, responsables de structures éducatives, économistes, responsables d'associations de promotion des cultures régionales présentent ici un vaste panorama des langues d'Europe et des problèmes posés par leur gestion socio-politique. L'actualité de ce printemps 1992, avec par exemple les conflits de l'ex-Yougoslavie, les suites des élections belges, les élections régionales en France, le traité de Maastricht, montre à quel point les problèmes de construction européenne économique et politique sont complexes et aigus. Partout apparaît l'échec cuisant de la structure étatique insuffisamment fédéralisée, insuffisamment décentralisée, insuffisamment respectueuse des identités historiques et dynamiques qu'elle tente malgré tout par tous les moyens d'unifier au lieu de les unir, engendrant ainsi à terme conflits et renfermements toujours néfastes. Les langues sont des témoins et des acteurs primordiaux de ces identités, de ces évolutions socio-politiques. Voilà pourquoi je crois que la publication de ce volume, riche d'analyses, de réflexions théoriques et de propositions concrètes, est importante. Certaines convictions partagées ici par tous, comme la nécessité politique, économique, sociale et éthique de maintenir et de gérer la diversité linguistique par des politiques adaptées à chaque cas, en liaison étroite avec les politiques éducatives, nous semblent pouvoir être affirmées auprès de tous comme incontournables dans la construction européenne.

Un volume bilingue français-provençal

On comprendra qu'un certain nombre des communications présentées à Maillane soient en langue provençale, accompagnées d'un résumé en français, et que celles présentées en français (surtout à Fleury) soient accompagnées d'un résumé en provençal, à l'intention de nos collègues provençaux d'Italie, et en signe de respect mutuel des langues. Nous sommes ravis que M. Tavo Burat, spécialiste de la langue piémontaise, ait choisi de s'exprimer non pas en piémontais, ou italien, ni même en français, mais en provençal. Le volume des *Actes* de Huy contient de son côté des textes en wallon. La plupart de nos lecteurs réaliseront sans doute qu'avec un minimum d'efforts la compréhension de textes rédigés dans des langues apparentées à celle(s) qu'ils maîtrisent n'est pas un problème. On peut ainsi "montrer la marche en marchant" !

Il me reste à signaler la contribution très originale de Madame le Maire de Maillane (débutant par quelques mots d'accueil en suisse-allemand, continuant en français, et se terminant en provençal) dont l'expérience des rencontres entre diverses langues, et surtout entre langues régionales et langues standard, entre langues germaniques et langues romanes, vécue tout au long d'une vie et depuis l'enfance, apporte un témoignage et un éclairage précieux, simple et concret, pour les problèmes que nous traitons ici.

Des contacts sont pris, actuellement, pour organiser d'autres débats, notamment sur les aires de contact des trois grands réseaux linguistiques européens, roman, germanique, slave.

Puissions-nous de la sorte contribuer modestement à la construction d'une Europe et d'un monde plus fraternels, plus ouverts, moins rigidifiés par les monopoles étatiques, prenant mieux en compte les communautés ne constituant pas un état (comme les régions françaises), bref plus respectueux de la diversité des identités et des Droits de la Personne.

Remerciements

Je voudrais enfin remercier ici particulièrement tous nos collègues qui nous ont fait l'amitié de participer à ces réunions d'échange et de réflexion, de les soutenir et de les encourager, et notamment M. André Martinet, qui a accepté que son intervention constitue la préface de ce volume, et dont l'interêt pour notre cycle de débat est une puissante motivation à poursuivre.

De plus, il nous est agréable d'exprimer notre profonde gratitude à tous les organismes et toutes les personnes qui ont appuyé et aidé la réalisation de ces rencontres, et notamment ici le Conseil Régional de Provence (Office Régional de la Culture) grâce à une subvention duquel ce volume a pu être publié, l'Institut de Linguistique de Louvain, qui l'accueille dans ses collections, et mon ami Guy Lavrilleux, qui a mis à ma disposition une partie du matériel informatique nécessaire à la préparation de ce volume.

Que tous ceux qui ont assisté et participé à nos débats en soient vivement remerciés.

Philippe Blanchet

INTRODUCTION

David DALBY
Directeur de l'Observatoire Linguistique
Université de Londres
&
Philippe BLANCHET
Secrétaire Scientifique de l'Observatoire Linguistique
Université Rennes 2 Haute-Bretagne

Resumit *: L'óusservatòri Lenguisti es uno assouciacien de lenguisto, d'ensignaire, de gènt de touto meno que s'interèssoun ei proublèmo dei lingo. Soun obro es facho de coulòqui, de mouastro, de publicacien (emé subretout un repertòri dei lingo dóu mounde), d'ensignamen dei lingo, de partecipacien au travai de mant un ourganisme pouliti o scientifi coumo l'Unesco o l'Éuropo. Es soustengu pèr fouaço istitucien regiounalo, naciounalo vo internaciounalo. Sa filousoufio tèn dins lou crèire que tóuti lei lingo soun egalo e s'ameritoun lou mume respèt, que lei lingo es l'afaire de tóuti e pas soulamen d'especialisto, que duvèn tóuti parla mai d'uno lingo,e que dins l'anamen de mai en mai intercioun au dóu mounde d'encuei, duvèn teni comte de la revoulucien dei telecounmunicacien pèr coungreia mai de demoucracìo e de respèt dei Dre de la Persouno. Aquèsteis ate soun lei d'uno partido de la tiero de coulòqui que li dien "Nouàstei lingo e l'unita de l'Éuropo" e qu'an pèr toco d'acampa lou mounde pèr assaja de douna d'idèio toucant lei poulitico lenguistico necessàri e souvetado dins l'encastre de l'Éuropo que si bastisse.*

1 . Présentation de l'Observatoire Linguistique

L'Observatoire Linguistique est une association réunissant des chercheurs, des enseignants, des responsables politiques et administratifs, des personnes provenant de domaines divers, ayant en commun un interêt particulier pour les langues en tant qu'éléments essentiels de la société.

Sa création a été décidée en 1983 au Centre international de recherche en bilinguisme (Université Laval, Québec). Depuis lors, sous la direction de son fondateur, qui en a installé le siège en France, l'Observatoire Linguistique a eu des activités nombreuses et croissantes, sur le plan international, et ceci dans les domaines suivants :

- Enseignement
- Conseils et expertises
- Création d'expositions
- Organisation de colloques
- Recherche scientifique
- Publications

- Créations audiovisuelles

L'Observatoire Linguistique a reçu pour ses travaux le soutien de nombreux organismes à tous les niveaux. Pour l'organisation et la réalisation de ces colloques en Normandie et en Provence, et pour celui du Huy (Wallonie) jumelé à celui de Maillane, nous sommes heureux de remercier : le Bureau International d'Education (UNESCO), l'Agence de Coopération Culturelle et Technique (organisme intergouvernemental de la francophonie), le Conseil de l'Europe, Le Secrétariat d'Etat de Belgique à l'Europe 1992, l'Ambassade du Canada en Belgique, les Consulats Généraux de France et de la République Fédérale Allemande à Liège, la Communauté Française de Belgique, la Province de Liège, les Régions Provence-Alpes-Côte d'Azur et Haute-Normandie, les Académies d'Aix-Marseille et de Rouen, les départements des Bouche-du-Rhône et de l'Eure, les Villes de Huy, de Maillane, et de Fleury-sur-Andelle, l'Association Internationale pour la Défense des Langues et Cultures Menacées, l'Association Internationale pour l'Utilisation des Langues Régionales et des Nationalités à l'Ecole (SCOLARE), l'Union Culturelle Wallonne, la Royale Fédération Wallonne Littéraire et Dramatique de la Province de Liège, le Centre de Recherche et d'Information du Wallon à l'Ecole, Li walon è scole, Djâsans walon, le Centre International de Recherche et d'Etudes Provençales (lou Prouvençau à l'Escolo), L'Astrado Prouvençalo, lou Felibrige-Prouvènço, et bien sûr tous ceux et celles qui ont témoigné de l'interêt pour ces travaux.

2. Le cycle européen de débats publics : "Nos langues et l'unité de l'Europe"

Ces colloques s'inscrivent dans un cycle européen de débats publics intitulé "Nos langues et l'unité de l'Europe", organisé par l'Observatoire Linguistique.

Il est constitué pour l'instant par un colloque inaugural (Fleury), et par un double colloque consacré à l'étude de *la réalité du réseau linguistique roman dans les communications européennes* et notamment au *rôle des langues régionales ou endogènes*. La première journée de réflexion de ce colloque, consacrée principalement à la langue provençale, a eu lieu à Maillane / Maiano (Provence / Prouvènço) le 28 Octobre 1990. Le colloque de Huy du 10 novembre 1990 a été consacré en premier lieu aux langues régionales endogènes de Wallonie (picard, wallon, gaumais, luxembourgeois), mais aussi aux langues d'Oïl de France (notamment au gallo).

2.1. Philosophie et objectifs de l'Observatoire Linguistique

Ce cycle de débats publics constitue l'un des axes par lesquels l'Observatoire Linguistique poursuit l'application de sa philosophie et la concrétisation de ses objectifs. Nous considérons en effet que…

- *l'unité et l'égalité des langues du monde doivent être affirmées :* Toutes les langues -parlées ou écrites- sont les composantes d'un seul et même système de langage, et sont à traiter avec égal respect, quelle que soit leur diffusion. Le langage humain doit être envisagé dans toute sa variété comme facteur d'unité et non de division.

- *le langage est l'affaire de tous :* Chaque langue appartient à tous ceux qui la parlent, et non pas à un état, une institution ou un groupe priviligié ; tout mépris exprimé envers une langue constitue du même coup une atteinte portée à ceux qui la parlent. Les sciences du langage concernent tout le monde et ne sont pas l'apanage des spécialistes.

- *le multilinguisme est un but fondamental de l'éducation :* L'observation objective du langage et la connaissance de langues diverses ont une valeur éducative fondamentale, l'apprentissage classique de langues étrangères méritant d'être complété par un éveil aux langues prochement apparentées à notre langue maternelle. Le bilinguisme mérite d'être encouragé dès la petite enfance.

- *nous vivons une révolution linguistique mondiale :* La révolution des télécommunications est une étape aussi importante pour l'évolution des langues que les inventions de l'écriture et de l'imprimerie, l'audiovisuel ouvrant en particulier de nouvelles portes pour la connaissance des langues et des cultures autres. La promotion du dynamisme culturel des différentes communautés linguistiques, de grande ou de petite extension, est une priorité pour l'audiovisuel.

L'Observatoire Linguistique s'est donc fixé les objectifs suivants :

- Observer la répartition, l'utilisation, l'évolution des langues dans les sociétés d'aujourd'hui (notamment par l'élaboration d'un *répertoire des langues du monde* associé à la mise en route d'une base de donnée sur les langues du monde[1]).
- Développer le multilinguisme, l'apprentissage précoce et l'enseignement des langues.
- Contribuer à la construction de ponts culturels entre les communautés linguistiques.
- Promouvoir la diffusion des Droits de la Personne, y compris ses droits linguistiques et culturels, et ceci dans toutes les langues.

2.2. Programme du cycle européen de débats publics

Le contexte de ce cycle de débats publics est l'Europe sous l'impact de la révolution des télécommunications, révolution qui modifie les rapports entre langue parlée et langue écrite, entre langue et nation, entre régions et métropoles. Autant que possible, les rencontres ont lieu hors des capitales étatiques et des grandes métropoles. Par *Europe* on entend la "grande Europe" jusqu'en Russie, sans oublier l'extension mondiale du plurilinguisme européen, par exemple au Canada.

---

[1] Ces travaux, soutenus notament par l'Agence de Coopération Culturelle et Technique, sont en cours de publication. Voir David Dalby "World Language Register: philosophy and application / Répertoire Mondial des Langues : théorie et pratique" in Ph. Blanchet (ed.) *Diversité linguistique, idéologie, et pluralisme démocratique, Cahiers de l'Institut de Linguistique de Louvain* n° 18, 1992.

L'objectif central est la création d'une "place publique" à l'échelle de la grande Europe, où une discussion internationale puisse être engagée entre spécialistes et non-spécialistes au sujet de la cohabitation essentielle de toutes nos différentes langues, et en dépassant les limites et le parti-pris de l'état-nation.

La question de base est la suivante : *Dans un continent en pleine mutation, comment la diversité des langues qui y sont parlées, source constante de richesse et de rivalité, peut-elle servir la création d'un espace européen de communication ?*

Les débats sont filmés et enregistrés, de manière à permettre la production d'un film récapitulatif global sous-titré dans différentes langues, véritables *Actes* audiovisuels, pour laquelle l'Observatoire Linguistique a reçu le soutien du Fonds européen pour le multilinguisme audiovisuel (BABEL, Genève).

Les thèmes de discussion comprennent entre autres :

- La construction d'un espace européen de communication qui respecterait les réalités linguistiques et culturelles du continent, notamment la complémentarité des langues étatiques et des langues régionales ou minoritaires.
- Les relations entre les langues européennes de grande extension continentale ou intercontinentale (choix des langues dans l'enseignement, dans les relations commerciales, dans les sciences et les technologies).
- Les moyens d'améliorer nos perceptions et nos connaissances des langues et cultures voisines, et de réduire les antagonismes et préjugés hérités du passé.
- Les actions à entreprendre pour combler les principaux fossés culturels et linguistiques en Europe, notamment entre les trois grands réseaux linguistiques (roman, germanique, et slave).
- La promotion du multilinguisme et de la science linguistique dans l'enseignement.
- L'élargissement de l'étude d'une langue pour y inclure la compréhension de langues appartenant au même réseau linguistique (le néerlandais, le suisse-allemand et le yiddish à côté de l'allemand "standard", par exemple).
- L'opportunité de créer des programmes scolaires intégrés en "langues, communication et études européennes", débarrassés des perpectives égocentriques propres aux états-nations, coordonnés au niveau de l'Europe, et ouverts vers les autres continents.
- Les modalités d'application du Droit de la Personne (ou de la communauté) à utiliser la/les langue(s) de son choix.

3. Bilan et Perspectives

Dans le contexte d'un programme aussi large, les colloques de Fleury, de Maillane et de Huy sont apparus comme une expérience très positive.

Un grand nombre des thèmes et questions proposés ont été abordés et discutés de façon particulièrement pertinente, comme les textes que l'on pourra lire dans ce volume ainsi que dans les *Actes* du colloque de Huy le démontrent. La participation de nombreuses personnalités (universitaires, politiques, littéraires, diplomatiques etc...) à ces colloques est un signe d'encouragement auquel l'Observatoire linguistique est particulièrement sensible.

De plus, une résolution a été adoptée par les participants à Huy et adressée à différentes autorités ainsi qu'à la presse. En particulier, il nous faut rappeler que ce colloque a eu lieu entre la réunion à Bruxelles des Ministres de la Culture des Etats francophones quelques jours plus tôt, et la session du Parlement de la Communauté Française de Belgique au cours de laquelle a été votée la loi pour la protection des langues (régionales) endogènes de Wallonie (le 14 Décembre 1990), événement dont nous nous réjouissons.

Ces débats wallons, provençaux, et normands ont apporté des éléments considérables à notre réflexion commune, y compris celle de "décideurs" européens. Ils ont suscité des liens solides et des projets de coopération entre différentes communautés culturelles régionales et nationales européennes, d'Est en Ouest et du Nord au Sud. Il ne s'agit pourtant que d'un début.

L'équipe de l'Observatoire Linguistique, tout comme l'ensemble des participants à ces colloques, poursuit sa réflexion, ses échanges et ses actions à travers l'Europe, de lectures en publications, d'observations en conférences, d'analyses en contacts.

D'autres débats publics sont prévus, notamment en Catalogne, au Pays de Galles, en Ile-de-France, en Alsace, en différentes régions de langues germaniques, en Bulgarie, en URSS, en Hongrie, en Carinthie (point de rencontre des trois grands réseaux linguistiques européens), etc...

Nous souhaitons simplement, et c'est déjà beaucoup, qu'ils soient aussi amicaux, efficaces et enrichissants que ces journées de Fleury, de Maillane, et de Huy.

Cressenville & Nantes
Mars 1992

Adresse de l'Observatoire Linguistique :
Cressenville
F-27440 ECOUIS
Normandie, France.

1

COLLOQUE INAUGURAL
Fleury-sur-Andelle (Eure, Normandie)
Samedi 12 mai 1990

LISTE DES INTERVENANTS INVITES
(tiero dei charraire counvida)

Invité d'honneur : Professeur André MARTINET
UNIVERSITE RENE DESCARTES-SORBONNE

Thierry ARNOLD (Belgique), Chargé d'études linguistiques à l'Agence de Coopération Culturelle et Technique (ACCT).

Gabriel BIANCIOTTO (France), Recteur de l'Académie de Rouen.

Philippe BLANCHET (Provence, France), Enseignant-Chercheur en linguistique à l'Université Rennes 2 Haute-Bretagne et à l'IUFM de Bretagne, écrivain de langue provençale.

Louis-Jean CALVET (France), Professeur de linguistique à l'Université Sorbonne-Paris V.

Christos CLAIRIS (Grèce/France), Professeur de linguistique à l'Université Sorbonne-Paris V.

David DALBY (Royaume-Uni/France), Directeur de l'Observatoire Linguistique, Professeur émérite de linguistique aux Universités de Londres et d'Indiana.

Herrmann JUNGRAITHMAYR (Autriche/Allemagne), Professeur de linguistique à l'Université de Francfort.

Victor KOPTILOV (Ukraine/CEI[1]), Responsable du programme "Linguapax" à l'UNESCO.

Rinaldo LOCATELLI (Suisse), Secrétaire-exécutif de la Conférence permanente des pouvoirs locaux et régionaux d'Europe, Conseil de l'Europe.

Jean-Baptiste MARCELLESI (Corse, France), Professeur de linguistique à l'Université de Rouen, Directeur de l'équipe CNRS-SUDLA.

---

[1] Qui était encore URSS en 1990.

Jacques NEMO (France), Expert en linguistique auprès de l'ACCT, ancien Directeur de l'Institut de Linguistique et d'Anthropologie de La Réunion.

Tibor OLAH (Hongrie), Professeur à l'Université de Budapest, invité spécial de l'ACCT.

Jean PERROT (France), Directeur du Centre Interuniversitaire d'Etudes Hongroise, Paris.

Peter RICKETTS (Royaume-Uni), Professeur de français à l'Université de Londres, Président de l'Association internationale d'études occitanes.

Xoán RODRIGUEZ YANEZ (Galice, Espagne), Lecteur d'espagnol à l'Universtié Sorbonne-Paris IV.

Henriette WALTER (France), Professeur de linguistique à l'Université de Haute-Bretagne, Directeur du laboratoire de phonologie de l'Ecole Pratique des Hautes Etudes.

Zacharie ZACHARIEV (Bulgarie), Directeur de la Politique et de la Planification Educative à l'UNESCO, Paris[1].

Sont également intervenus : M. Henri COLLARD, Sénateur-Maire de Lyons-la-Forêt, Président du Conseil général de l'Eure, M. Jean-Claude Rémy, Maire de Fleury-sur-Andelle et Conseiller Régional, Président de séance du colloque, diverses personnes parmi le public.

[1] Z. Zachariev est directeur-adjoint du Bureau International d'Education de l'UNESCO à Genève depuis l'automne 1991.

RESUME DES INTERVENTIONS NON ECRITES

(Rendu-comte dei charradisso noun escricho)

Rinaldo LOCATELLI

(Secrétaire Général de la Conférence Permanente des Pouvoirs Locaux et Régionaux, Conseil de l'Europe)

[Presentacien de la resoulucien Kuijpers voutado pèr lou Parlamen éuroupen en 1987, dins l'amiro de l'aparamen dei lingo dicho regiounalo vo minouritàri d'Éuropo]

M. Locatelli a présenté en détail **la résolution KUIJPERS adoptée le 30 octobre 1987 par le Parlement Européen, sur proposition du Conseil de l'Europe**, et qui constitue une véritable charte de protection et de promotion des langues et des cultures "moins répandues", selon la terminologie des institutions européennes. Les 36 recommandations qu'elles contient ont été adressées au Conseil des Ministres et à la Commissions des Communautés Européennes qui doivent se prononcer quant à l'éventuelle ratification de cette charte par les Etats membres. Il s'agit de *mesures de discrimination positive pour aider les langues régionales à survivre.* R. Locatelli a insisté sur le fait qu'il n'y a pas de définition de "la" langue, et que sont donc prises en compte les langues parlées européennes territorialisées et les langues non territorialisées mais historiquement enracinées comme le rom ou l'hébreu. Si ces mesures étaient appliquées par les Etats membres, cela constituerait une profonde mutation dans les attitudes envers les langues régionales, le quotidien et l'avenir de ces langues. Les instances européennes, et surtout le Conseil de l'Europe, ont maintes fois insisté sur le respect indispensable que les Etats européens devaient aux langues minoritaires historiques parlées sur leur territoire, comme préalable à l'union européenne.

Différentes questions questions techniques ont été posées à M. Locatelli afin de bien comprendre le processus juridico-administratif qui pourrait aboutir à la ratification de cette charte et à sa valeur de loi dans les Etats membres. Seuls les Etats sont souverains, indépendamment des décisions communes, et en tous cas après avis positif de la Commission des Communautés et du Conseil des Ministres. De plus, on s'est inquiété d'une disposition finale de la charte permettant à l'Etat signataire d'exclure du champ d'application les parties du territoire qu'il désire, ce qui revient à le laisser choisir quelle langue mérite respect et quelle langue est abandonnée ou détruite. M. Locatelli a répondu qu'il s'agissait d'une restriction diplomatique concernant notamment les zones de sécurité militaire des Etats.

Gabriel BIANCIOTTO

(Recteur de l'Académie de Rouen)

[Pèr Moussu lou Reitour de l'Acadèmi de Rouen, lou proublèmo proumié es pas 'quéu dei lingo regiounalo mai de l'ensignamen dei lingo fourestiero. S'interèsso mai ei minouranço vengudo dóu defouaro. Counsidèro que lei lingo regiounalo soun pèr la majo part foutudo, que lei gènt n'en soun counsènt, e qu'es pu 'no questien impourtanto. L'a agu fouaço reacien escalustrado. S'es moustra que l'aprendissàgi dei lingo fourestiero es mai eisa pèr aquéli que saboun ja 'no lingo regiounalo]

Pour Gabriel Bianciotto, **le problème crucial** n'est pas celui des langues régionales mais celui **de l'enseignement des langues vivantes étrangères**, c'est à dire des grandes langues étatiques européennes et internationales (anglais, espagnol, allemand, etc.). Pour lui, les minorités linguistiques sont les minorités immigrées. M. Bianciotto insiste sur deux points :

-Il y a des régions où la langue locale est morte ou presque. Elles ne doivent pas être prises en compte.

-Les langues régionales ont été abandonnées volontairement par les populations, avec un *consentement quasi général.*

Il ajoute que dans plusieurs régions, dont le Poitou où il a été Recteur, les mouvements régionalistes proposent l'enseignement d'une langue artificiellement reconstruite, ce qui est néfaste, puisque les populations ne sont intéressées que par les authentiques parlers du terroir.

Enfin, M. le Recteur Bianciotto s'inquiète du fait que l'Europe pourrait être une Europe des marchands, et souligne qu'il faut qu'elle soit aussi une Europe de culture et d'âme.

Les réactions de l'assistance ont été vives. J.-B. Marcellesi a rappelé que les mauvais résultats des Français dans le domaine des compétences linguistiques nécessaires à l'Europe (langues inter-étatiques) sont en grande partie dûs au recul des langues régionales et au monolinguisme qui s'installe en France. Plusieurs personnes, dont MM. Yañez et Blanchet ont signalé que l'abandon dit "volontaire" des langues régionales était à une certaine époque la condition sine-qua-non de promotion sociale. De plus, on sait qu'il y a eu une politique stricte de "chasse au patois". M. Yañez rappelle l'inscription *Défense de cracher par terre et de parler breton* qui a longtemps régné en Bretagne, ainsi que les méthodes d'interdiction des langues régionales à l'école (port du signe, châtiments corporels...). Pour terminer, plusieurs participants ont souhaité que l'on marie les impératifs de communication inter-étatique et les principes de respect des langues locales.

Herrmann JUNGRAITHMAYR
(Professeur de linguistique africaine à l'Université de Francfort)

[Especialisto dei lingo d'Africo, a moustra que si poudié coumpara la situacien de l'Europo à d'ùnei païs african, e que tant poudrian n'en aprene quoucarrèn]

M. Jungraithmayr a comparé **la situation** du monde germanophone à celle **d'Etats africains multilingues** comme le Tchad ou le Nigéria, en insistant sur le fait que la situation linguistique européenne est comparable à celle du Nigéria (une multitude de langues locales, quelques grandes langues de groupes grands et puissants, besoin d'une langue commune). Il a invité l'assistance à s'intéresser aux programmes de politiques linguistiques élaborés en Afrique.

Victor KOPTILOV
(UNESCO)

[Charradisso pèr douna d'esplico e d'entre-signe raport ei lingo eslavenco, que fouaço d'élei si dounoun bravamen d'èr, mai que soun d'imàgi d'indentita diverso]

M. Koptilov a fait un exposé sur **la situation des langues slaves**, en insistant sur le fait que leur proximité linguistique n'est pas le critère clé, mais que des volontés identitaires pouvaient très bien différencier des langues très proches. Il a cité les rapports du russe et de l'ukrainien, mais aussi du serbe et du croate, en Yougoslavie, langues quasi identiques, mais dont l'une, le croate, s'écrit à l'aide de l'alphabet latin, et l'autre à l'aide du cyrillique.

Tibor OLAH
(Université de Budapest)

[Adugué d'enfourmacien sus lei lingo dicho finougriano, mai que tout l'oungrés, que soun souvèntei-còup óublidado, estènt que fan pas partido de la famiho dicho indéuroupenco]

M. Olah a fait un exposé détaillé sur **les langues finno-ougriennes**, notamment le hongrois, en situant leur spécificité par rapport à l'ensemble indo-européen, dont elles ne font pas partie. Le problème des réseaux linguistiques est en effet très vif pour des langues parlées en Europe mais linguistiquement hors réseaux européens. Si elles ouvrent des perspectives intéressantes, elles risquent une certaine désaffection et nécessitent une attention particulière.

L'IDEE D'UN PLURILINGUISME : "NOS LANGUES ET L'UNITE DE L'EUROPE"

David DALBY
Directeur de l'Observatoire linguistique
Professeur émérite de linguistique africaine à l'Université de Londres

Resumit *: Lei lingo soun sèmpre estado ligado ei naciounalisme em'ei guerro. Dessaparessian lei gràndei lingo deis estat, e lei prougramo educatiéu, que capitarian miés pèr basti uno Éuropo de pas. Es pulèu de trauca lei frountiero que de n'en basti d'àutrei que fòu faire. La Revoulucien dei Telecoumunicacien adué lei mejan de despassa tóuti lei vièiei e marrìdeis idèio naciounalisto toucant lei lingo, e de faire juga un role impourtant ei lingo pèr fa toumba lei ditaturo, pèr faire capita lei Dre de la Persouno. Pèr acò, touto ierarchìo dei lingo, tout jujamen de valour, duourrien èstre leissa de caire quouro parlan dei lingo.La civilisacien éuroupenco a counouissu tres gràndei revoulucien lenguistico (escrituro, estampàgi, telecoumunicacien), qu'an tóuti marca founsamen nouàsto istòri. A tambèn counouissu tant d'ourrour e tant d'idèio generouso. Es impourtant, aro, de sourti dei lèco nacioulaisto deis estat-nacien, e de n'en liéura lei sistèmo educatiéu. Si pòu pas dessepara lingo d'educacien, e tout acò duourrié carreja sa pèiro à uno Éuropo dei Dre de la Persouno, e dounco de la diverseta.D. Dalby prepauso pèr acò mant uno cavo d'èstre facho, tant dins lou relarg dei lingo coumo dins aquéu de l'educacien, à parti de la noucien de "maiun" lenguisti, que touto lingo, mumo la pu pichouno, l'es utilo e respetablo.*

La plupart des habitants de notre continent parlent une langue appartenant à un de trois grands "réseaux" de langues : roman de l'ouest et du sud, slave de l'est, et germanique continental entre les deux. La friction entre les peuples qui appartiennent à ces différents réseaux linguistiques a été à la source des guerres mondiales de notre siècle, et se fait toujours sentir.

Le nationalisme s'est avéré plus solide en fait que le communisme, et plus dangereux. Les conflits menaceront l'Europe jusqu'à ce que nous cessions d'apprendre à nos enfants à regarder le passé et le présent avec les yeux des anciens, à prolonger nos anciennes vendettas communautaires. Même si l'apport des langues à ces conflits est variable, il est évident que les dysfonctionnements de la communication représentent un élément constant.

Pour guérir enfin ces dysfonctionnements, il sera vital de dénationaliser l'éducation des jeunes européens, vers les objectifs complémentaires de l'autonomie locale et de la coordination européenne, aussi vital que d'établir une unité monétaire pour l'Europe.

Les rivalités linguistiques et culturelles de notre continent ont été accentuées par l'imposition de langues "nationales" standardisées, le plus souvent accompagnées de systèmes d'éducation 'nationaux". Mais, dans les années qui viennent, les écrans de tous genres - nos nouvelles "pages sans frontières" - saperont progressivement les murs qui divisent les langues soi-disant "nationales" et réduiront le pouvoir de l'écrit sur l'oral, de l'état sur l'individu, de l'éducation traditionnelle sur l'enfant.

La télévision et l'informatique procurent de nouveaux moyens de consultation et d'éducation populaires qu'il faut utiliser pour servir la construction d'une Europe démocratique, unie. De nouvelles solutions aux problèmes de la diversité linguistiques sont notamment nécessaires : en perçant les vieilles frontières plutôt qu'en créant de nouvelles, en insistant sur l'égalité des droits linguistiques plutôt que sur les rivalités.

Ce millénaire, qui touche à sa fin, a été déterminant pour notre planète. Celle-ci n'est plus une grande étendue à explorer, où l'on cherchait de nouvelles terres au-delà de l'horizon, mais est devenue une sorte de bidonville mondial, isolé dans l'espace. En conséquence, la survie du genre humain dépendra de notre adaptation à cette vie communautaire à l'échelle de la Terre, où la construction d'un avenir collectif découlera d'une nouvelle vision du langage et de notre passé.

La richesse et la diversité des langues humaines, jusqu'ici sources de conflit et de mésentente, doivent être appréhendées comme un héritage commun et comme une ressource à exploiter. Nos langues humaines, loin d'être des entités séparées, sont des parties intégrantes et interdépendantes d'une galaxie de communication, où la voix de chaque personne est une étoile.

Etendue et diversifiée par les migrations humaines, cette galaxie de langues se trouve aujourd'hui galvanisé par les moyens modernes de communication instantanée, de transports rapides, et un multilinguisme croissant. Il nous permet de porter pour la première fois un regard global sur l'humanité, organisme unique et unitaire, même si pas encore uni. Cet organisme a un besoin aussi essentiel du langage que du sang ou de l'air pour son fonctionnement, depuis chaque personne nouvellement née, jusqu'à la race humaine tout entière.

Dès sa naissance, chaque nouveau venu ou nouvelle venue dans le monde doit se construire progressivement son langage à lui, à elle. Cette voix personnelle, constituée non seulement de la voix au sens étroit du terme, comprend tous les sons, tous les mots, toutes les phrases et toutes les règles linguistiques qu'on stocke et qu'on utilise au fil du déroulement de sa vie, et pris des langues que nous avons rencontrées à partir de notre petite enfance.

Avant même de pouvoir interpréter les paroles que nous captons, nous absorbons leurs rythmes. La "musique" de la voix de notre mère nous aide à créer notre propre intonation, un ensemble de "mélodies" qui servira plus tard de cadre à nos paroles. Les expressions que nous entendons et apprenons nous apportent un cadre grammatical. Nous découvrons, plus ou moins inconsciemment, que nous pouvons créer de nouvelles phrases en changeant les mots dans une phrase apprise.

Très vite, nous parlons plus ou moins comme ceux qui nous entourent pendant notre enfance, et notre voix personnelle rentre au cadre d'une "famille" de voix, de notre "langue maternelle". Mais nous apprenons aussi - souvent par nos enseignants - que certaines langues ou façons de parler sont jugés "supérieures" à d'autres. Dans le meilleur des cas, on loue notre "bonne" prononciation, ou notre grammaire "correcte". Dans le pire des cas, nous apprenons que notre voix personnelle, modelée pendant notre petite enfance sur les paroles de nos parents, nos amis, est perçue comme un handicap....

De tels jugements de valeur ont constitué une mauvaise pratique pédagogique, quelque justifiés qu'ils puissent paraître du point de vue de l'encouragement à la diffusion d'une langue standardisée. Une voix jeune est fragile, et mépriser la langue familiale d'un enfant peut lui être psychologiquement préjudiciable.

De façon similaire, le transfert brutal d'un enfant dans un lieu où d'autres enfants trouveront sa voix inintelligible ou "risible", peut lui être néfaste. C'est pourquoi toute politique linguistique doit tenir compte à la fois des niveaux psychologique, linguistique, politique et éducatif. La langue est étroitement liée à nos craintes innées de la différence et à notre intolérance vis-à-vis des autres, deux menaces importantes contre l'harmonie sociale.

Dans maintes parties du monde, des réseaux de communication sont entretenus parmi des langues différentes mais étroitement apparentées. Chaque langue dans un réseau[1] permet un certain niveau d'inter-compréhension avec ses proches voisines, mais de moins en moins avec les langues de plus en plus éloignées dans le même réseau.

A l'intérieur d'un tel réseau, comme dans le cas de chacun de nos réseaux roman, germanique ou slave en Europe, les hasards de l'histoire ont fait que certaines langues ont été standardisées en tant que langues nationales et officielles. Sous la pression standardisante de chacune de ces langues nationales, des langues moins privilégiées dans le même pays ont souvent été reléguées au rang de "dialecte" ou de "patois". A l'heure actuelle, il vaut mieux éviter d'employer ces termes trop souvent dévalorisés. *Toute langue est une langue.*

La polarisation de langues appartenant à un seul réseau vers une langue standard différente dans chaque pays concerné a très souvent affaibli la continuité de leur réseau linguistique, divisé artificiellement par des frontières nationales. L'effet linguistique de la frontière politique franco-italienne en est un exemple.

Par contre, la facilité de la télévision et de la radio à franchir ces mêmes frontières sert aujourd'hui à nous resensibiliser à des réseaux de langues jusqu'ici trop négligés. Au nord de l'Europe, l'Estonie et la Finlande sont à nouveau en communication étroite à travers la Baltique, et en France les locuteurs des langues alsacienne ou corse peuvent rejoindre les téléspectateurs allemands ou italiens au-delà du Rhin ou de la Méditerranée. Au Portugal, les téléspectateurs moins lettrés préfèrent les séries américaines doublées en castillan et transmise depuis l'Espagne, aux versions originales sous-titrées en portugais. A une autre échelle, les informations télévisées ont fait prendre conscience aux Français et aux Italiens de leur parenté linguistique avec les Roumains.

Bien entendu, de profondes fissures linguistiques existent toujours, comme celles séparant les langues romanes des langues germaniques, les langues germaniques des langues slaves, ou les cinq différents réseaux de langues dans les Balkans. Traditionnellement, des communautés ou des individus bilingues ont remédié à de telles fissures dans la galaxie mondiale des langues, dans les limites du contact social ou de la motivation personnelle. Aujourd'hui cependant, la télévision par satellite permet aux foyers de capter des programmes dans de

[1] En ce qui concerne la terminologie établie par l'Observatoire linguistique, voir D. Dalby, "World Language Register : philosophy and application" in Ph. Blanchet (Ed.) *Diversité linguistique, idéologie, et pluralisme démocratique*, CILL, n° 18, 1992.

nombreuses langues, et aux individus d'apprendre ou d'entretenir une langue qui sinon leur serait lointaine.

En d'autres termes, les divers réseaux territoriaux de langues parlées qui constituent notre système global de communication sont aujourd'hui libres de prendre leur envol. La télévision est devenue une rampe de lancement bien plus puissante que la radio en ce qui concerne cette liberté, et il est évident que l'antenne indépendante a un énorme avantage sur la télévision câblée, en tant que garant de cette liberté. Dans ce contexte de libération technique de la langue grâce à la télévision, nous devons mettre au point de nouvelles formules allant dans le sens de la liberté politique et culturelle des langues européennes.

Depuis que l'humanité est en migration autour du monde, on utilise des différences linguistiques pour marquer des identités rivales de groupe, depuis les tribus jusqu'aux états-nations. On se sert également de différences linguistiques, souvent nuancées, pour créer et maintenir des barrières au sein de la même société, ainsi que pour marquer l'exclusion de certaines couches de la population des allées du pouvoir.

Aucun autre continent ne peut dresser un plus triste bilan que l'Europe dans les domaines des conquêtes, de l'esclavage, de l'exploitation et du génocide. Mais aucun autre n'a davantage contribué à l'évolution des droits de la personne. Pour créer une Europe unie et démocratique, il est donc juste que les principes de la liberté linguistique et des stratégies égalitaires de l'éducation soient au coeur de notre démarche.

Toute personne a sa place au sein du système mondial de communication, et la vie de chacun est touchée par la toute dernière des trois grandes révolutions du langage. Chacune de ces révolutions du langage a profondément influencé l'organisation de la société humaine.

La première grande révolution du langage humain, hormis l'acquisition même de la parole, est la Révolution de l'Ecriture, lancée il y a cinq millénaires au Sud-Ouest de l'Asie et au Nord-Est de l'Afrique. Pour les sociétés humaines en devenir, l'écrit joue un rôle capital dans le développement de systèmes économiques et gouvernementaux plus vastes et plus complexes. Il permet la codification des religions et des lois.

La seconde révolution du langage, aux environs du mi-millénaire, est la Révolution de l'Imprimerie. Lancée dans l'Europe germanophone, la presse alphabétique devient une des inventions les plus déterminantes pour l'humanité, faisant suite à la longue évolution des techniques de l'imprimerie et de la fabrication du papier en Asie sinophone. En provoquant une alphabétisation croissante et en élargissant l'accès à l'information, l'imprimerie met un terme à l'appropriation de la langue écrite par des petites minorités privilégiées. Elle ouvre la voie aux grandes révolutions sociales et scientifiques de ces cinq derniers siècles. Sapant l'emploi du latin, elle favorise la standardisation des langues "nationales" en Europe et accélère l'essor de l'Etat-nation.

Notre troisième révolution du langage, la plus universelle de toutes, est la Révolution des Télécommunications. Cette révolution, qui se poursuit toujours, nous permet de transmettre instantanément et à l'échelle mondiale toutes les formes du langage, d'enregistrer la parole, et grâce à l'ordinateur de manipuler presque à l'infini les produits du langage - sans oublier notre faculté de traverser l'espace.

Le début de cette dernière révolution du langage coïncide avec la Révolution Française ; une seule décennie s'écoule entre le premier vol des hommes en 1783 et le développement des premiers télégraphes. Ayant pris naissance dans le monde transatlantique, francophone et anglophone, les inventions-clefs de cette révolution s'étendent du télégraphe à la photographie en passant par le phonographe, le téléphone, la radio, la télévision, l'ordinateur, la vidéo et le fax... et maintenant par les appareils interactifs reliant toutes ses inventions.

En transcendant les contraintes spatiales et temporelles, les "télémédia" contribuent à l'affaiblissement des frontières physiques et psychologiques qui ont séparé les populations de différents Etats-nations.

Jusqu'à la révolution des télécommunications, l'histoire humaine a été dans le sens de l'expansion et de la diversification. L'humanité a développé une richesse de différences linguistiques, ethniques, religieuses et culturelles. Chaque groupe humain, ou plus récemment chaque nation, a élaboré sa propre version de l'histoire afin de justifier son existence et son comportement envers d'autres groupes ou nations. L'histoire nationale a ainsi servi à enrôler des générations d'enfants pour une cause qui conduisait souvent à la mort.

L'une des principales causes des guerres est constituée par des perceptions divergentes de guerres passées, et les guerres - ainsi que les révolutions qui s'y rattachent - ont déterminé à leur tour la configuration politique du monde où nous vivons. La lutte opposant les Etats-nations modernes pour la domination du monde a conduit à deux longues périodes de "guerre globale", la première de 1743 à 1815 et la deuxième de 1914 à 1945,.chacune interrompue par une "trêve" relativement troublée. Toutes deux ont commencé en Europe, se développant à travers le monde et incitant à revendiquer plus de liberté. Les révolutions américaine et française sont déclenchées par la première, les révolutions russe et chinoise par la deuxième.

Ces deux périodes de guerre globale ont favorisé la propagation de la langue anglaise, qui a servi - comme le français et l'espagnol - à véhiculer des idées de liberté allant souvent à l'encontre des desseins moins libéraux du gouvernement de son pays d'origine.

Considérer les "guerres mondiales" du 20ème siècle comme parties d'une même période de guerre globale, nous rappelle que 1939-45 n'est que la dernière phase d'un conflit plus long. La barbarie préméditée de cette guerre prolongée, bientôt un demi-siècle derrière nous, pourra bientôt être perçue comme un effondrement de la civilisation européenne tout entière, et non plus comme l'unique responsabilité des Européens vivant au centre de notre continent.

Car les horreurs de cette même guerre, se terminant par des holocaustes en Europe et en Asie, a commencé dans les tranchées de 1914-18 par le massacre d'une jeune génération prise dans cinq continents. Chaque Etat-nation, servi par son système d'éducation nationale, a exhorté ses enfants dans la langue nationale - allemande, anglaise, française, hongroise, italienne, russe... - pour qu'ils aillent tuer et se faire tuer.

Aujourd'hui, pour un continent qui cherche la réconciliation et l'unité, il sera important de commémorer ensemble l'énorme perte humaine des deux grandes guerres de notre siècle, indifféremment de langue, de nationalité. Pourquoi ne pas nous rassembler, non pas devant les monuments nationaux mais surles anciens champs de bataille, en souvenir de ces soldats des deux camps qui avaient défié l'esprit de la guerre pour célébrer Noël ensemble, en allemand, en anglais, en français, entre les tranchées de 1914-18 ?

La révolution politique de 1989 a marqué la fin de la corruption d'un idéal politique à l'Est. Elle annonce aussi le début d'une révolution mondiale dans les relations entre gouvernants et gouvernés. Tout comme les monarques absolus ont exploité l'imprimerie - à l'époque de ses balbutiements - les tyrannies nationales ont tiré parti des télémédias à leurs débuts. Mais, tout comme l'imprimé a dévoilé le mythe des vieilles monarchies à une audience de plus en plus grande, la télévision internationale éclaire aujourd'hui les coins sombres où les tyrannies criminelles sévissent encore.

Même dans le cadre de sociétés plus démocratiques, le secret lié aux pouvoirs publics s'estompe rapidement. Une des séquelles politiques les plus révolutionnaires de la révolution de 1989 sera le développement des télé-plébiscites, des consultations régulières par le biais de la télématique entre le peuple et ses représentants élus. Le succès de cette consultation et des précautions contre son truquage dépendra de la vigilance, du savoir-faire et de l'indépendance des média. Rien ne contribuera davantage à cette indépendance que la réduction des frontières nationales.

Les pessimistes craignent toujours "Big Brother" (Grand Frère), imaginé par Orwell dans son roman *1984*, ou plutôt le retour en Europe de vrais tyrans, contrôlant tous les médias nationaux. Mais nous pouvons aujourd'hui envisager l'alternative de la "Petite Soeur", le pouvoir de la femme ou de l'homme de la rue d'observer et de contrôler son gouvernement à l'aide de la technologie des communications modernes.

Il importe pour l'avenir de l'humanité que la recherche de l'unité européenne aboutisse, étape essentielle vers cette unité planétaire dont notre survie doit dépendre. Ces pays européens où l'expérience communiste a échoué doivent maintenant faire un choix clair : oeuvrer dans le sens d'une Europe fédérale ou se replier sur des nationalismes renouvelés.

Dans la majorité des états-nations d'Europe, le nationalisme a été renforcé par les langues nationales standardisées, employées comme instruments du gouvernement, de l'éducation nationale et de la conformité patriotique. Pourfédérer ces états-nations il sera donc nécessaire de "fédérer" nos systèmesd'éducation, de traiter nos langues - toutes nos langues - comme parties d'un vaste héritage linguistique en commun.

Bien sûr, un tel système ne devrait pas être fondé sur un nouveau patriotisme envers un nouveau Super-état. L'éducation européenne doit plutôt s'enraciner dans une allégeance aux principes des droits de la personne. Cela garantirait les droits et les objectifs adoptés à un niveau collectif, tout en laissant aux communautés et aux institutions locales le maximum de choix en matière éducative. Une telle éducation "fédérée" s'attacherait non seulement au démantèlement des barrières culturelles et historiques entre les différents états-nations. Elle s'attaquerait aussi à celui des divergences et préjugés des grands schismes culturels d'Europe : entre les différents réseaux de langues, entre l'Est et l'Ouest, et entre le Nord et le Sud.

La langue est un paramètre si fondamental pour l'avenir de l'Europe que l'élaboration d'une charte linguistique européenne est un pas essentiel à franchir - tant pour l'importance des discussions que pour les principes finalement adoptés.

Langue et éducation sont indissociables, et l'unité européenne ne se fera que si elles sont libres du contrôle des gouvernements. Les concepts d'éducation "nationale" et de langues européennes "étrangères" n'auront pas de raison d'être dans le cadre d'une Europe véritablement unie.

Si nous admettons que la communication humaine est un vaste système inter-relié, en Europe comme partout dans le monde, il va sans dire que les principes d'une politique linguistique devrait être définis à la plus grande échelle possible. A l'échelle de l'Europe, cela signifie qu'il faut considérer le rôle de toutes ses langues - parlées ou écrites, nationales ou régionales, autochtones ou immigrées.

L'un des fondements d'une Europe unie est que chaque état-membre se doit de respecter les droits de la personne. Il suit que toute politique linguistique collective en Europe doit respecter les droits linguistiques des individus et des communautés. Par conséquent, puisque l'unité européenne est notre objectif, nous devrions envisager la carte linguistique de l'Europe sans lui superposer des frontières nationales.

Il est tout aussi évident qu'il faut s'attacher exclusivement aux droits et besoins de nos contemporains et de leurs descendants, car même si une réévaluation collective de l'histoire de l'Europe s'impose, nous ne pouvons réécrire cette histoire ni réparer tous ses torts.

Nous devrions absoudre au millénaire moribond des droits bafoués et des territoires volés aux générations passées. Tournons plutôt la page afin de ne pas menacer la paix des générations à venir, pourvu que les droits des individus aujourd'hui concernés soient reconnus et respectés. Un principe fondamental doit être établi, à savoir : témoigner un égal respect des langues parlées aujourd'hui par toutes les communautés, si petites ou défavorisées soient-elles.

Cela ne signifie pas bien entendu que chaque langue dispose de ressources écrites égales, mais que toute langue parlée a son propre système cohérent de sons et sa propre grammaire, même s'il ne conforme pas à une langue standard écrite. Si une langue est très limitée géographiquement ou socialement, ce n'est pas une raison pour lui refuser le respect dû à la langue maternelle de toute personne.Les relations entre différentes langues sont trop souvent liées à la confrontation, au mépris, ou même à la peur. C'est pourquoi l'"interface" entre les langues en contact mérite d'être étudiée de façon plus créative - y compris à l'école. Certaines écoles situées dans les zones de tels contacts, géographiques, sociaux ou ethniques, pourraient offrir à leurs élèves un enseignement comparatif de leurs différentes langues, de leurs cultures respectives.

Toute division administrative dans laquelle une partie de la population parle une langue sensiblement différent de la languc administrative et éducative établie, devrait être libre de voter pour une politique bilingue dans son secteur. La seule condition logique, préalable à un tel choix, est que les partisans de cette politique soient suffisamment motivés pour participer au travail ou au financement qu'implique cette option : par exemple, pour établir des panneaux de signalisation bilingues ou pour assurer des cours scolaires supplémentaires.

En ce qui concerne les minorités linguistiques disséminées, les conditions existent aujourd'hui pour l'établissement de communication et d'enseignement à longue distance. Cette tâche présentera peu de difficultés économiques là où les langues concernées sont parlées par un grand nombre. Une aide officielle peut cependant s'avérer nécessaire dans le cas de communautés plus petites ou moins privilégiées... comme les locuteurs des langues romani (ou "tsiganes"), par exemple.

Dans ces cas-là, on trouvera conseils auprès d'autres langues "minoritaires" ou l'expérience aura déjà réussi... ainsi par exemple l'emploi à la télévision régionale du gallois ou du catalan. Un canal par satellite pourrait être attribué à plusieurs langues pour lesquelles une chaîne complète ne serait pas rentable.

Les pays de l'Europe peuvent profiter des expériences d'application d'une politique plurilingue, vécue par exemple dans l'(ancienne) Union Soviétique ou en Suisse. Comme nous venons de souligner, l'union éducative est aussi fondamentale que l'union monétaire ; elle exige une même renonciation à l'indépendance nationale. Le caractère plurilingue de l'Europe veut donc que le plurilinguisme soit un objectif primordial d'un éventuel système scolaire "fédéré".

En plus de la leur, les enfants européens devrait normalement acquérir à l'école la maîtrise d'au moins deux langues. Il serait souhaitable que l'étude d'une deuxième langue commence aussi tôt que possible dans le cycle éducatif - à l'école maternelle.

Par ailleurs, le choix des langues à étudier dans tel ou tel établissement scolaire devrait être décidé au niveau local, selon les besoins et les souhaits de la communauté concernée. Un maximum d'options possibles devrait être offert.

L'allemand, l'anglais, l'espagnol, le français et le russe seront sans doute les langues europénnes les plus demandées à l'extérieur de leurs pays d'origine, mais toute langue écrite devrait être admise et inclue dans le programme scolaire, partout où une demande locale existe. Dans les zones où une partie importante de la population parle une langue autre que la langue nationale officielle, celle-ci devrait faire partie intégrante du programme scolaire. L'étude de ces "autres" langues et de leurs littératures devrait également être encouragée en tant qu'option dans les régions limitrophes : ainsi par exemple, le gallois en Angleterre ou le provençal en France hors de Provence. Bien entendu, l'option d'une introduction à l'étude d'une langue européenne classique mérite également être maintenue, partout où la demande est suffisante.

Dans l'enseignement supérieur, et si possible avant la fin du secondaire, les étudiants intéressés par les langues devraient être encouragés à étudier d'une langue non-européenne. La recherche et les ressources pédagogiques, dans le domaine de l'étude des langues de toutes les parties du monde, devront faire l'objet d'une coordination au niveau européen, comme par exemple entre l'InstitutNational des Langues et Civilisations Orientales à Paris et la School of Oriental and African Studies à Londres.

Maintenant que la confrontation symbolisée par le Rideau de Fer a cessé, les pays européens et musulmans devraient oeuvrer ensemble pour réduire les tensions le long du "Voile de Fer" - ce vieux barrage entre l'Islam et le monde chrétien. Afin que cette confrontation devienne progressivement dialogue, les institutions éducatives européennes pourraient consacrer une place plus importante à l'étude des langues du monde musulman : l'arabe, le tamazegh (le "berbère"), le turc, le persan, l'ourdou, le swahili ...

A l'évidence, un tel dialogue devrait être réciproque, et la grande communauté européenne devrait saisir toutes les occasions pour diffuser - et exercer - sa foi "militante" pour la respect des droits de la Personne.

L'enseignement scolaire des langues n'est pas à dispenser dans un but simplement utilitaire, mais également comme contribution à l'éducation générale et au développement mental des jeunes. La place du langage dans le programme général de l'école est aussi importante que le choix des langues :

- L'histoire et la géographie des langues européennes devraient faire partie intégrante de ces deux matières, en insistant sur la façon dont les langues se sont mutuellement influencées et enrichies.
- Les compétences linguistiques devraient être considérées comme une seule aptitude dans l'éducation de l'enfant, et il n'y aurait aucune barrière ou hiérarchie entre sa première langue (c-à-d. maternelle), sa seconde et sa troisième.
- La traduction orale et écrite devrait constituer une partie importante de ce programme général de langues.
- Il devrait exister un maximum d'échanges éducatifs entre les écoles dans des zones linguistiques différentes, surtout au niveau des échanges individuels répétés d'élèves et de professeurs.
- Autant que possible, l'enseignement oral d'une langue ne serait confié qu'à une personne dont c'est la langue (et culture) maternelle, un besoin qui sera plus réaliste dans une Europe de mobilité professionnelle.
- Le matériel pédagogique moderne, essentiellement la vidéo et l'informatique, devrait être utilisé de plus en plus intensivement à l'école, pour l'apprentisage des langues comme d'autres matières.

Une priorité immédiate sera d'analyser les différentes politiques et méthodes d'éducation dans toute l'Europe, avec leurs réussites et leurs échecs relatifs.Ensuite viendra la considération des modalités éventuelles de coordination des méthodes nationales, en perturbant le moins possible les enfants déjà scolarisés.

Tout ceci donnera lieu à des conflits d'intérêts et d'opinions, mais on peut proposer deux principes dès le début.

Le premier est que les besoins de chaque enfant en matière d'éducation devraient être une responsabilité primordiale de la société à tous ses niveaux. Ce n'est guère à l'honneur du monde adulte qu'une proportion si maigre de nos ressources, au niveau familial, local et national, soit consacrée à l'éducation de nos enfants.

La profession d'enseignant mérite d'être mieux appréciée et mieux rémunérée, bien que le droit des élèves à un enseignement convenable devrait primé sur le droit d'un enseignant à la sécurité de l'emploi.

Le second principe est que les comparaisons devraient se fonder sur l'étude pratique des circonstances et résultats dans les différents systèmes éducatifs. Que sont les différences, par exemple, entre les acquisitions linguistiques des enfants dans les différents systèmes éducatifs en Europe ? Que sont les différences, et pourquoi, entre les résultats en lecture et en écriture dans la langue maternelle, ou entre les âges de la maîtrise d'une deuxième langue ?

Nous vivons un moment décisif de l'histoire de l'Europe, et les linguistes et les pédagogues, la femme et l'homme de la rue, doivent se joindre aux analystes politiques et économiques dans le débat concernant l'avenir de l'Europe.

Une question fréquemment posée est la suivante : l'unité européenne mènera-t-elle à l'expansion d'une langue au détriment des autres ?

Il est évident que la communication sans cesse grandissante entre les nations européennes conduira à l'utilisation internationale croissante des langues déjà utilisées internationalement... l'allemand et le français seront plus largement employés que le danois et le hongrois.

Il est tout aussi évident que l'anglais sert déjà de langue véhiculaire mondiale, et même européenne. Néanmoins, on doit s'attendre à un déplacement vers l'Est du centre de gravité linguistique, comme du centre de développement politique et économique. Il est probable que le rôle inter-européen de l'anglais et du français sera de plus en plus partagé avec l'allemand et le russe.

Ce qui importe est que tous les langues parlées en Europe soient reconnues en tant que maillons d'un système de communication continentale, quelle que soit leur diffusion.

Il est tout aussi essentiel que les langues internationales, comme l'allemand, l'anglais, l'espagnol, le français ou le russe, ne soient plus considérées comme la propriété exclusive d'une ou de plusieurs nations. De ce point de vue, il est regrettable que des éditeurs et des dessinateurs utilisent les drapeaux nationaux pour symboliser les langues internationales.

L'Observatoire linguistique souhaite promouvoir la création de nouveaux symboles linguistiques, non-nationaux, pour ces langues. Par ailleurs, les locuteurs de langues européennes internationales, comme l'anglais et le français, devraient partager les avantages du bilinguisme. Il est important qu'eux-mêmes et leurs enfants ne se considèrent pas dispensés de l'apprentissage d'une autre langue.

Finissons en méditant sur le fait que les langues ne sont pas les nations, et qu'aucune frontière ne les sépare. Elles se nourrissent les unes les autres continuellement - par des mots, des idées et des sentiments, par des façons de parler, d'écrire, de vivre. Ces mêmes concepts de liberté et de droits de la Personne, sur la base desquels nous visons à construire une nouvelle Europe, sesont développés grâce à des échanges entre les langues, entre les pays, échappant à la censure des tyrans et des régimes répressifs.

Les enfants d'Europe méritent d'être informés de cet héritage européen en commun, pour que les loyautés qui nos divisent jusqu'ici soient tournées vers la défense et la propagation collectives des principes des droits de la Personne.

MULTIPLICITE DES LANGUES ROMANES EN EUROPE

Henriette WALTER
Université Rennes 2 Haute-Bretagne / EPHE

***Resumit** : Tiero dei lingo parlado à coustat dei gràndei lingo óuficialo, dessus tout lou terraire rouman, em'un brèu d'istòri de sei vido au toco-toco, soun estatut e sa diverseta. Ramento que se lou touscan s'es establi en Itàli pèr de resoun literàri, lou castihan en Espagno e lou pourtugués au Pourtugau pèr de resoun religiouso, es pèr de resoun poulitico que lou patouas de Paris s'es istala en Franço, ce qu'esplico que leis àutrei lingo siegoun mai amenaçado en Franço qu'aiours. Lou roumanesc, esmarra au mitan de païs esclavoun la majo part de sa vido, es uno meno de miracle s'a subreviscu. Fin finalo, fòu pas óublida lei lingo dei minouranço viajarello, que siegoun éuroupenco vo vengudo d'àutreis endré, coumo lei Bóumian o leis African.*

Une belle continuité territoriale des langues romanes se remarque dans la plus grande partie du sud de l'Europe, chez des populations qui, au temps de l'Empire romain, avaient adopté le latin des conquérants, depuis l'extrême ouest, avec le Portugal et l'Espagne, en passant par la France, la Belgique, le Luxembourg, la Suisse et l'Italie, jusqu'à la remarquble exception de la lointaine Roumanie, un îlot de langue romane au milieu d'un océan de langues slaves ou finno-ougriennes.

Dans tous les pays concernés, il existe, à côté des langues communes officielles, nées le plus souvent de la diffusion d'une des variétés issues du latin, un nombre important d'autres langues romanes ainsi que des idiomes d'origines diverses témoignant de la coexistence, pacifique ou turbulente, d'usages linguistiques parallèles.

Autour de l'italien

Une des quatre langues nationales de la Confédération Helvétique (avec l'allemand, le français et le romanche), l'**italien** est surtout la langue officielle de l'Italie. De toutes les langues issues du latin, c'est celle qui lui est restée la plus proche et de tous les pays de langues romanes, l'Italie est celui où la vitalité des langues régionales est restée la plus grande. L'unité italienne étant récente - elle date du milieu du XIXe siècle - la diversité des usages linguistiques a pu, malgré un net recul depuis quelques décennies, résister plus longtemps à l'emprise de la langue officielle.

Alors que les premières mesures d'unification, parties du Piémont, incluaient aussi une "déclaration de guerre" aux dialectes, non seulement le **piémontais** a pu survivre, mais on trouve encore des personnes ayant perpétué le **provençal** dans les hautes vallées piémontaises, et le **français** dans les vallées dites "vaudoises". Dans le Val d'Aoste, l'italien se trouve en concurrence avec le **français**, mais aussi avec le **francoprovençal**, qui était encore parlé par près de la moitié des enfants il y a vingt ans. Dans les Dolomites, on parle **frioulan** et **ladin**, qui sont des langues d'origine latine, mais aussi des dialectes germaniques ou l'**allemand,** tandis qu'à l'extrémité orientale, c'est une langue slave, le **slovène**, qui se maintient aux alentours de Trieste. Le **vénitien**, de son côté, jouit d'un réel prestige dans toutes les couches de la population, et le **romagnol** (dans la région de Ravenne) bénéficie du souvenir de Dante, tandis que le **romanesco**, dialecte de la région de Rome, s'est laissé peu à peu grignoter par l'italien. Enfin, tout le sud de l'Italie reste profondément attaché à ses dialectes, qu'il s'agisse du **napolitain**, des dialectes des Pouilles et de l'extrémité de la botte, du **sicilien** ou du **sarde**. C'est ici qu'il faut citer le **corse**, dont les variétés ne se rattachent pas aux idiomes de la France mais à ceux de l'Italie

En Italie, il subsiste en outre des îlots de locuteurs d'**albanais** dans l'extrême sud et en Sicile, de **serbo-croate** dans les Abbruzzes, de **grec** en Calabre et de **catalan** en Sardaigne.

Fondée sur le dialecte **toscan**, la langue officielle de l'Italie a longtemps été uniquement une langue écrite. Après une lutte qui a opposé Florence à Rome, la dynamique de l'italien semble aujourd'hui se diriger vers des usages plus septentrionaux, avec le pôle d'attraction que constitue le "triangle industriel" Gênes -Turin-Milan.

La Péninsule ibérique

La situation de la Péninsule ibérique contraste très nettement avec celle de l'Italie car, face au maintien d'une profusion d'idiomes en Italie, l'Espagne et le Portugal font figure de pays beaucoup plus unifiés en matière d'usages linguistiques.

En Espagne, la langue de la Vieille Castille est devenue la langue du royaume du fait que c'est de Castille qu'est partie la Reconquête contre les Arabes à partir du XIe siècle. Laissant subsister le **basque**, qui est aujourd'hui l'une des plus anciennes langues de l'Europe, et absorbant ou faisant reculer l'**asturien**, le **léonais** et l'**aragonais**, le dialecte **castillan** a progressé vers le sud, recouvrant les dialectes locaux jusqu'à les éliminer. Suivant une trajectoire parallèle, une autre reconquête, partie de Catalogne, répandait de son côté le **catalan** vers le sud, ce catalan qui est la langue officielle de la Principauté d'Andorre, qui se prolonge en France dans le Roussillon, et qui se parle encore également dans une ville du nord de la Sardaigne.

Les divisions linguistiques de la Péninsule ibérique romane ont ainsi pris la forme de trois bandes verticales nord-sud, dont la troisième, la plus occidentale, est celle qui a donné naissance au **portugais**, lui aussi né d'un dialecte du nord, le **galicien**, langue littéraire florissante au Moyen Age, et qui connaît un renouveau de nos jours dans sa partie espagnole. Dans sa partie portugaise, le galicien s'est trouvé enrichi par les dialectes de la région de Coimbra et de Lisbonne, et c'est de cet amalgame qu'est né le portugais, langue officielle du Portugal.

Autour du français

Langue officielle unique en France, ou partageant ce statut avec d'autres langues en Belgique, en Suisse et au Luxembourg, langue officielle régionale dans le Royaume Uni de Grande Bretagne (Jersey) et en Italie (Val d'Aoste), le **français** commun est né de l'évolution du dialecte de l'Ile-de-France. Mais alors que l'italien de Florence s'est élevé au rang de langue commune de l'Etat italien pour des raisons littéraires, le dialecte de Castille en Espagne et celui de Galice au Portugal pour des motivations religieuses, c'est pour des raisons politiques que le patois de Paris l'a emporté en France. C'est en effet par la volonté centralisatrice du pouvoir politique que la langue du roi de France est devenue celle de tous les Français.

En France, cette langue, qui s'est imposée progressivement à toutes les autres régions, a pourtant cohabité, sans altérer leur vitalité, avec une multitude d'autres idiomes jusqu'à la fin du XIXe siècle et certaines des langues nées de la différenciation du latin s'étaient illustrées dans des littératures prestigieuses, telles, par exemple, cette poésie **provençale** qui dominait tout le sud de l'Europe au Moyen Age.

En dehors de ces langues d'origine latine, la France connaît encore de nos jours, à ses extrémités territoriales, des langues non romanes : **basque** au sud-ouest, **breton** (groupe celtique) au nord-ouest, **flamand**, **lorrain germanique** et **alsacien** (groupe germanique) au nord et à l'est.

De plus, réparties dans l'ensemble du pays, d'autres langues sont parlées sur le territoire par des immigrants venus des quatre coins du monde, dont les plus nombreux sont ceux qui parlent l'**arabe** maghrébin ou le **berbère**.

En Belgique, le français est langue officielle du royaume, avec le **néerlandais (flamand)**, depuis 1898, le pays étant divisé par une ligne de démarcation officielle fixée par une loi de 1963, avec, à l'est, deux districts de langue **allemande** : Eupen et St-Vith. Bruxelles s'est francisée au cours des siècles, et cet îlot officiellement bilingue en pays flamand constitue aujourd'hui un problème linguistique cuisant. Dans la Belgique francophone, au sud du pays, les dialectes wallons, à rattacher à la zone d'oïl, sont restés plus vivants qu'en France.

Au Luxembourg, le **français** a, en 1946, supplanté l'allemand comme langue officielle, à côté du **luxembourgeois**, mais, alors que la scolarisation commence en allemand, les études se terminent par le français et c'est en français que se font les lois, les lettres de faire-part, les enseignes ou la signalisation routière, le luxembourgeois restant la langue de la famille et de l'église.

En Suisse, le **français** partage la qualité de langue officielle avec l'**allemand** et l'**italien**. Le **romanche** a été également reconnu comme langue nationale de la Suisse en 1938, mais il n'est parlé que par 1 % de la population (canton des Grisons) tandis que 75 % de la population sont germanophones (allemand ou dialecte alémanique), 20 % sont francophones (cantons de Genève, Vaud, Neuchâtel, Jura), et 4 % italianophones (le Tessin et quelques vallées des Grisons).

Le roumain

Le **roumain** résulte de l'évolution particulière du latin dans les lointaines parties orientales de l'Empire romain, dans la Dacie, conquise par les légions de Trajan au début du 2e siècle après J.C. N'ayant connu la présence romaine que pendant un peu plus d'un siècle et demi, ayant ensuite subi pendant dix siècles des invasions successives - celles des Wisigoths (IIIe-IVe), des Huns (Ve), des Avars (Ve-VIIe), puis des Bulgares (VIIe), des Hongrois (IX-XIIe), des Petchénègues (Mongols)(XIe) et des Comans (Turcs) (XIe), enfin des Tatars (XIIIe) - c'est un véritable miracle que cette langue romane ait pu subsister, en contact permanent avec le hongrois et entourée depuis des siècles par une majorité de langues slaves.

Le **roumain**, encore appelé **daco-roumain**, par opposition à l'**aroumain** (Grèce), au **mégléno-roumain** (Grèce et Albanie) et à l'**istro-roumain** (Yougoslavie), est la langue officielle de la Roumanie. Cette langue , qui trouve son origine dans le parler de Valachie, au sud du pays, représente aujourd'hui un amalgame de divers parlers régionaux. Le premier texte de roumain, en alphabet latin, date de 1521, mais cet alphabet n'a remplacé définitivement le cyrillique que vers 1860.

Dans tous les pays d'Europe vivent aussi ceux qu'on appelle "les gens du voyage", (Gipsies, Romanichels, Manouches...), qui parlent des langues **tsiganes**, langues indo-européennes du groupe indo-iranien. Ces langues se sont diversifiées, en évoluant différemment selon les pays dans lesquels ces populations ont séjourné, depuis leur départ du nord-ouest de l'Inde, vers le Xe siècle après J.C. Les Roms dits Vlachs, après être restés du XIVe eu XIXe siècle en Roumanie, se sont ensuite répandus partout en Europe et dans le monde (Manouches germaniques, Sinti piémontais, Roms Kalderash après un détour par la Russie ou la Pologne, etc.).

Carte : Langues indo-européennes parlées aujourd'hui en Europe
(extrait de André Martinet *Des Steppes aux Océans*, Paris, Payot, 1986, p. 71)

■ Langues romanes

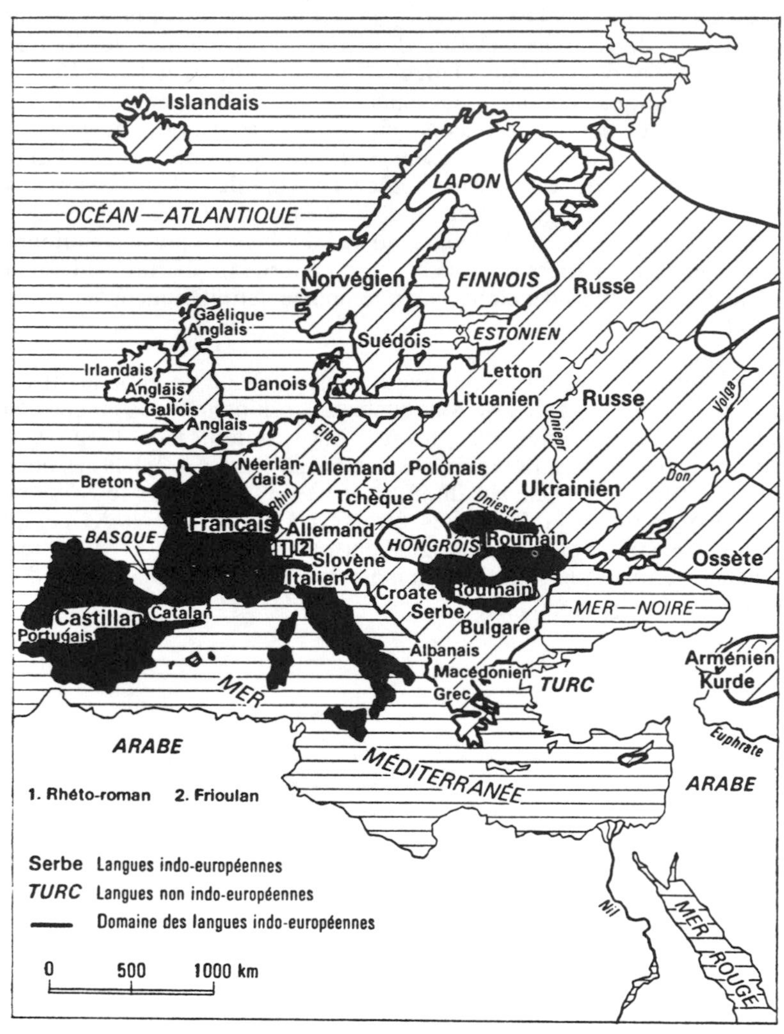

Eléments de bibliographie

FODOR (Istvan) & HAGEGE (Claude), *Language Reform / La réforme des langues, histoire et avenir*, Hambourg, Buske, 1983, vol. 1 à 3.

GRIMES (Barbara F.) (sous la dir.), *Ethnologue, Languages of the World,* Dallas, Texas, Summer Institute of Linguistics, 1988 (11° éd), 748 p.

ROSSILLON (Philippe) (sous la dir.), *Un milliard de Latins en l'an 2000,* Paris, L'Harmattan, 1983, 314 p.

STEPHENS (Meic), *Linguistic Minorities in Western Europe,* Llandysul, Dyfed, Wales, Gomer Press, (1° éd. 1976)1978, 796 p.

VERMES (Geneviève), *Vingt-cinq communautés linguistiques de la France,* Paris, L'Harmattan, 1988, tome 1, Langues régionales et langues non territorialisées, 422 p.; tome 2, Les langues immigrées, 342 p.

LES LANGUES ET L'UNITE DE L'EUROPE

Zacharie ZACHARIEV
Directeur de la Politique et de la Planification Educative
UNESCO, Paris[1]

Resumit *: Lei bràvei chanjamen qu'avèn vist en Éuropo dempuèi quàuquei tèms, l'espandimen dei mejan de coumunicacien dóu vèire e de l'auvi que sautoun tranquilas lei frountiero e fan dóu mounde uno meno de pichoun vilàgi que tout si li saup, tout acò nous óublijo de si pauva de questien raport à coumo anan fa tira lei lingo dedins l'Éuropo que bastissèn. Proumié fòu pas si crèire que poudèn dessepara lingo e soucieta, lingo e decisien poulitico, lingo e educacien. Puèi, sian bèn fourça de coustata que lou multilenguisme es un atous, uno respouonso que vèn souleto quouro alucan lou mounde coumo viro emé sei lingo, e rèn que pèr de princìpi demoucrati. Se voulèn n'en veni au multilenguisme nous fòu istala de poulitico educativo novo, liéurado deis interès de l'Estat, tant coumo un biais nouvèu de regarda lei lingo. Èstre au còup ambicious e resounable, teni comte deis ideau e garda lei pèd sus terro. Z. Zachariev prepauso d'estudia ce qu'es fa dins d'àutrei countinènt, coumo l'Indo que l'educacien fa de gènt trilengue. Tant, Z. Zachariev establisse uno meno de "caié dei cargo" pèr ourganisa uno poulitico lenguistico em'educativo éuroupenco que tèngue drecho.*

1. L'actualité galopante en Europe, les nouvelles réalités changeantes, posent devant nous des problèmes nouveaux et éternels en même temps. Ils s'ajoutent aux anciens, demandent des réponses nouvelles et des solutions sans doute inhabituelles ou différentes des certitudes et des idées préconçues relatives aux langues en Europe.

2. Toutes les solutions ou projets de solutions sur les politiques linguistiques en Europe devraient tenir compte d'un grand nombre de réalités aussi bien politiques que culturelles ou éducatives et préparer une reconsidération des politiques culturelles et des systèmes éducatifs dans le respect total des traditions, des spécificités nationales, individuelles ou des particularismes.

3. En effet, se référer au "village mondial" que constitue actuellement la terre entière n'est pas uniquement une vue de l'esprit, même s'il reste encore des coins inexplorés de l'Amazonie ou d'ailleurs. C'est notre réalité quotidienne, il faut le reconnaître, que d'être informé sans tarder de ce qui arrive en Lituanie, au Cambodge ou au Brésil. Ce qui arrive "ailleurs" loin de nous se répercute

[1] Z. Zachariev est directeur-adjoint du Bureau International d'Education de l'UNESCO à Genève depuis l'automne 1991.

nécessairement sur le monde entier y compris sur l'avenir linguistique de l'Europe.

4. Les moyens de communication modernes diffusent l'image du monde aux recoins les plus éloignés, et quelques heures après l'évènement le paysan du Danube sait ce qui vient d'arriver dans le Delta du Mekong ou tout le long de son parcours (quelques 4180 km).

5. Mais que faire aujourd'hui des quelques 50 langues majeures et reconnues à travers les 35 états qui constituent notre continent, s'étendant selon certains de l'Atlantique à l'Oural ? A titre d'anecdote j'ajouterais que selon la répartition dite géographique de l'Unesco, les Etats-Unis, le Canada et Israël en font partie !

6. Le moment me semble opportun de poser quelques questions dont l'actualité devient de plus en plus brûlante, en l'absence de réponse ou de solutions miracles.

7. Faut-il continuer, dans ce contexte d'unité et d'interdépendance mondiales, de parler de la diversité et de la multiplicité des langues en Europe ? Oui, certainement, mais pour dire quoi ? Pour fixer quels objectifs ?

8. Qu'il me soit permis de commencer par quelques réflexions et quelques affirmations personnelles, tout comme par la déclaration que je partage l'ensemble des vues dans la contribution au débat écrite par le Prof. Dalby.

A. Diversité et multiplicité des langues et des idiomes en Europe

1. La diversité et la multiplicité des langues, non seulement les 50 vivantes et officielles que je viens de mentionner, constituent l'une des caractéristiques essentielles mais aussi l'une des richesses de l'Europe actuelle. Cela parce que d'autres s'y ajoutent, qu'on le veuille ou non, et ces langues viennent de loin (migration des populations). Elles constituent toutes un trésor pour nous qu'il faut savoir exploiter et protéger.

2. Ce trésor doit nécessairement être considéré comme une possibilité d'enrichissement mutuel, une invitation à la préservation des cultures et des traditions propres mais aussi comme un avantage mutuel qui permet une meilleure connaissance de l'autre, tout en appliquant dans les faits tous les principes de démocratisation de l'éducation, ceux des droits fondamentaux de la personne ou des communautés de personnes vivant ensemble.

3. Les droits essentiels confirmés dans nombre de documents, conventions ou accords internationaux, les droits à l'éducation, droit à l'accès mais aussi à la réussite en éducation, ne sauraient être traités séparément des droits à la culture particulière ou des droits linguistiques.

4. L'évolution des sociétés et de leur organisation a souvent subi non seulement l'influence de certaines langues mais a prédéterminé elle aussi assez souvent leur sort, et de toute évidence, a défini leur statut au sein d'un Etat ou de plusieurs Etats en Europe ; ou tout court leur statut social.

5. Il est donc important, avant d'affirmer quels principes fondamentaux seront respectés pour les politiques linguistiques, de définir ces politiques aussi clairement que possible, pour les appliquer ensuite de façon incontestable, et sans ambiguïté, pour obtenir des résultats pratiques et efficaces.

6. La réflexion commune sur les principes et le respect qui doivent régir la vie nationale ou internationale a produit des documents ou des accords

internationaux concernant les droits individuels et collectifs dans leur ensemble, et les droits linguistiques en particulier souvent cités. Il suffirait de rappeler par exemple la *Charte des droits de l'homme* des Nations-Unies, l'*Acte final* de la Conférence sur la sécurité et la coopération en Europe (Helsinki, 1975) et les déclarations qui l'ont suivi, les recommandations de nombreuses conférences de l'Unesco, organisées au niveau international ou régional, pour n'en citer que quelques unes. Ils devraient aboutir au réexamen du rôle et de la place des langues tout comme, nécessairement, au rejet des préjugés linguistiques, des complexes existants au sein des différentes sociétés.

7. Ce postulat signifierait, entre autres, qu'il faudrait libérer les langues des connotations négatives, chauvines, des préjugés raciaux, et les libérer de tout jugement de valeur qui les déprécierait.

8. En effet, si l'on considère l'évolution des langues dans le monde, si l'on reconnait que telle ou telle langue est plus apte, à l'époque actuelle, à traduire les différents aspects techniques ou culturels de la vie moderne, il est important de souligner que certaines langues ne sont pas meilleures ou inférieures à d'autres. Leur état actuel ne reflète en réalité qu'un développement historique différent, un concours de circonstance, qui ont permis ou encouragé le développement de certains moyens d'expression linguistique au détriment d'autres. Ainsi, pour donner un exemple, extrême peut-être, certaines des langues esquimaux possèdent plus de vingt mots pour désigner la neige, ses différents états ou caractéristiques, alors que la plupart des langues mondialement connues n'en possèdent qu'un seul : *neige, snow, schnee, snö, nieve, neve* etc. Faut-il en conclure que les langues des esquimaux sont supérieures aux langues européennes ?

9. Parmi les questions qu'on ne saurait éviter figure celle sur la multiplicité des langues en Europe et le souci d'unité d'action commune à l'intérieur des points cardinaux, géographiques, mais aussi politiques : Est-Ouest, Nord-Sud. Il convient donc, avant de proposer des solutions, de trouver des réponses à des questions comme : l'unité de l'Europe est-elle compatible avec la diversité linguistique des Etats qui la composent ? L'unité nationale, et après européenne, est-elle synonyme de monolinguisme ? Si oui, quelle langue choisir pour l'Europe de demain ? Si non, comment préserver un équilibre linguistique très fragile en Europe ?

10. Nous sommes, en réalité, dans notre droit de nous demander quels sont les Etats monolingues en Europe ? Est-ce la France où parallèlement à la langue nationale et officielle, il y a des communautés linguistiques qui parlent le basque, le catalan, le provençal, le breton, l'alsacien, le corse, pour ne mentionner que des langues de population autochtones, sans ajouter des langues de populations migrantes comme l'espagnol, le portugais, mais aussi des langues ouest-africaines, berbère ou arabe. La RFA a des populations qui parlent le danois et la RDA le sorbe… Le multilinguisme officiel : 4 langues officielles -allemand, français, italien et romanche, empêche-t-il l'unité de la Suisse ? Le multilinguisme conduit-il nécessairement et inévitablement à une balkanisation et à l'enclavement ou pire, au séparatisme ?

11. Le multilinguisme empêche-t-il la circulation routière et l'existence des mêmes panneaux pour prévenir des mêmes dangers sur les routes en Europe ?

12. Qu'il me soit permis d'affirmer que l'unité de l'Europe ne pourrait et ne devrait se réduire à, ou se confondre avec l'unité linguistique ou l'utilisation d'une

seule langue en toutes choses. Si nous acceptions que l'objectif visé dans un avenir immédiat est de renforcer la coopération en Europe, de multiplier les partenaires, il faut accepter la présence et l'utilisation fonctionnelle de plusieurs langues et non d'une seule, servant d'argument majeur pour une unité de vue et d'action dans un monde divers. En effet, l'objectif recherché étant la coopération et la compréhension en Europe, cet objectif peut-être réalisé à travers plusieurs moyens, outils linguistiques, à travers des moyens diversifiés pour aboutir à une unité et non à travers l'unité du moyen d'expression, ou unification linguistique.

B. Vers une politique éducative de bi- ou multilinguisme

1. Les questions qui viennent d'être posées contiennent implicitement une réponse qui conduit à un début de solution résumée dans le titre de cette partie de l'exposé.

2. Avant de rechercher la mise en oeuvre d'une telle éducation, il faudrait accepter l'idée qu'avec les progrès de la communication, l'intervention croissante des médias, des satellites de communication, avec les nouvelles réalités socio-politiques en Europe, le besoin d'assurer une meilleure compréhension et une communication directe entre les individus, fait resurgir la nécessité de réexaminer le rôle des langues en Europe, leur rôle de véhicule de messages multiples, de civilisation, de culture, de relations économiques, techniques, industrielles ou politiques. La période des blocs et du monolithisme est révolue, y compris en matière de langues.

3. Il n'est donc pas incongru de parler de politiques d'éducation, de bi- ou multilinguisme dans l'Europe actuelle qui recherche avec insistance son unité et qui vient de détruire une multitude de murs, de barrières et de préjugés ; de parler de diversité et de multiplicité des langues et des cultures, où les moyens de communication de masse franchissent allégrement les notions et les barrières géographiques et politiques de notre enfance pour diffuser à travers des satellites un message considéré come supranational. D'ailleurs ce message est-il bien la source d'une libération politique ou technique ou une source d'asservissement, de conditionnement culturel ?

4. Nous devrions donc réfléchir sur l'avenir d'une éducation européenne et à l'intérieur de cela une politique linguistique pour la Tour de Babel de l'Europe, réfléchir à certains garde-fous, à certaines orientations qui permettraient de faciliter la communication tout en préservant les civilisations, cultures ou traditions particulières.

5. Pour moi, la réponse devrait être claire : le message culturel et linguistique dit "supranational" ne saurait être la propriété exclusive de quelqu'un, d'un seul pays, d'une seule langue, mais la somme des différences, l'expression du respect et de la sauvegarde des particularismes, y compris ceux des langues et des civilisations. Il devrait être basé sur des valeurs et des principes moraux communs, unificateurs ; sur l'esprit d'ouverture sans rejet pour la différence de l'autre. Une telle attitude devrait permettre de préserver et d'apprécier mieux ses propres valeurs, sa propre langue, sa propre culture : le message serait donc d'indiquer le besoin de créer une nouvelle mentalité et une nouvelle approche aux problèmes de langues et d'éducation.

6. Il est évident, me semble-t-il, que l'avenir linguistique de l'Europe ne saurait être fondé sur l'unicité linguistique, culturelle, sur l'uniformité, sur l'appauvrissement éthique, esthétique ou moral, ou sur un seul modèle éducatif.

7. Si l'avenir du monde nécessite une réponse à des problèmes globaux : écologie, paix, nutrition, certaines maladies, pour n'en citer que quelques uns, les solutions et les actions ne sauraient qu'être locales, concrètes, allant au-delà des considérations générales et des principes nobles ou des déclarations d'intentions. L'éducation et le statut des langues restent toujours l'affaire séparée de chaque pays, de chaque état, de chaque communauté nationale.

8. Les réalités socio-politiques de l'Europe posent de nouvelles priorités pour l'éducation et demandent sa redéfinition, son adaptation à des besoins différents de l'heure : emploi, recherche de marchés, une autre vision humaniste de l'école, centrée sur l'individu et non sur l'Etat. De nouvelles entités politico-administratives apparaissent, les notions Etat / Nation / Unité linguistique changent.

9. Non seulement la conception utilitaire de l'éducation change au profit des valeurs humaines, véhiculées par les langues, mais l'utilité d'un tel enseignement, même s'il ne devait être mesuré qu'en termes économiques, apporte des fruits à moyen et à long terme au détriment d'une vision économiste de rendement immédiat, donc de courte vue. Mais faut-il appliquer au domaine de l'éducation des notions d'investissement et de gestion dont l'utilité est incontestable pour l'économie ?

10. La politique linguistique de l'Europe par conséquent, devrait produire des réponses diversifiées correspondant à des contextes concrets, particuliers, étrangers aux recettes ou solutions uniques pour tous.

11. Le postulat antérieur plaide pour une politique linguistique à l'école et en dehors de l'école, de bi- ou multilinguisme. Est-ce réaliste aujourd'hui ? Si nous partons du principe qu'elle devra nécessairement commencer par une maîtrise indispensable (non nécessairement littéraire) de la langue maternelle, la réponse est un oui ferme, catégorique.

12. Oui, parce que les contraintes économiques réelles sont permanentes et restent la caractéristique propre de tout service public dont l'école. Les moyens logistiques nécessaires sont très importants, en effet, et dépassent les seules contraintes économiques. Ils nécessitent de nouvelles méthodes et d'autres ressources pédagogiques, des contenus et des programmes rénovés, tout comme une redéfinition des objectifs de l'enseignement des langues et une formation appropriée des maîtres. Il faudrait aussi compter avec l'état des mentalités, les barrières psychologiques ou la force d'inertie. Les contraintes sont nombreuses, mais elles ne sont pas insurmontables.

13. L'échiquier linguistique mondial évolue incontestablement vers la simplification. Le multilinguisme se réduit souvent à deux ou trois langues si on essaie de voir ce qui se passe actuellement dans le monde. C'est le résultat de multiples facteurs conjugués, s'influençant mutuellement. L'on pourra dénombrer entre autres des facteurs socio-politiques comme les alliances et les groupements politiques, l'évolution et les projets économiques, le mode de production et l'industrialisation, la forte tendance vers l'urbanisation qui produit des monstres, comme la ville de Mexico avec ses 17 millions d'habitants officiellement dénombrés (qui sont en réalité plus de 23 millions) etc. etc.

14. Toutefois, comment faire en Europe ? Peut-on adopter à l'époque actuelle le modèle de bi- ou trilinguisme fonctionnel qui existe dans d'autres continents comme, par exemple, en Afrique, en Inde, c'est-à-dire apprendre la langue maternelle et une ou deux langues de large communication pour répondre aux besoins variés de la communication à l'intérieur et à l'extérieur du pays, en conformité avec les besoins des différentes communautés ethniques et ceci dès l'école primaire ? Ceci semble tout à fait possible.

15. La politique linguistique à définir pour chaque pays ne saurait donc être imposée. Elle devrait répondre à une vision claire des objectifs de l'éducation d'un pays, définies avec la participation réelle et active de tous les intéressés, avec la participation consciente de toutes les communautés nationales ou locales, de tous les citoyens, sans décharger l'Etat de ses obligations.

16. Une politique linguistique réaliste est censée prendre en compte une série de critères comme par exemple les aspects démographiques, les traditions dans les contacts culturels, les aspirations individuelles, les équilibres dans les relations internationales, la qualité de l'éducation offerte à travers ou avec les langues proposées, les possibilités réelles de choix et d'options pour les élèves, les objectifs que vise l'enseignement des langues etc. etc. La complexité du problème posé, le besoin impératif de participation de tous afin d'assurer la synergie nécessaire, voilà ce qui pourrait résumer ce dernier message.

17. De toute façon, le bi- ou multilinguisme en Europe, le respect des différences linguistiques, ne conduisent nullement à la balkanisation ou au renforcement des séparatismes et ne devrait pas de toute façon et d'aucune manière servir pour leur justification.

C. Les facteurs de réussite d'une politique linguistique

1. Ces facteurs attendent toujours d'être définis. Il reste encore à traduire la théorie, la vision idéaliste dans une action concrète. Pourtant, l'optimisme aidant, nous pourrions rechercher les facteurs de réussite d'une politique linguistique linguistique adaptée à l'Europe de nos jours dans :

- la connaissance approfondie et exacte des problèmes à résoudre ;
- la simplicité des positions ;
- la vision claire et explicite des objectifs à atteindre à court, moyen et long termes ;
- la mobilisation et le haut degré d'adhésion des intéressés ;
- la définition précise des méthodes à mettre en oeuvre, conçues en termes d'implications économiques, politiques, sociales, pédagogiques ;
- la création d'un superstructure institutionnelle (et non administrative ou bureaucratique) efficace et légère, capable d'appliquer les options retenues ;
- la rédaction et l'adoption des dispositions administratives correspondantes ;
- la formation et le recyclage permanent des maîtres et des personnels de l'éducation.

J'arrête là et laisse le soin à d'autres que moi de compléter cette liste.

D. Quels moyens mettre en oeuvre pour promouvoir la coopération européenne en matière de langues ?

1. Je n'ai pas l'ambition de pouvoir répondre de façon exhaustive ou du moins détaillée à cette question. D'autres, assez nombreux et plus compétents, se sont souvent penchés sur la question, à commencer par les études, réunions et recherches, organisés dans le cadre des programmes de l'Unesco et du Conseil de l'Europe depuis bon nombre d'années. Toutefois, le climat politique actuel me semble très propice à encourager l'étude des langues et des civilisations en Europe, comme moyen important, d'abord pour accroître la communication et la compréhension entre les peuples qui la constituent. Il me semble possible d'insister aujour'hui sur le besoin de stimuler encore l'enseignement des langues et civilisations en Europe, de multiplier et diversifier les choix offerts à tous les niveaux et types d'enseignement aux jeunes et aux adultes.

Il y a une série de formes et de moyens d'action que j'appellerais classiques pour intensifier la coopération en matière de langues, notamment :

- améliorer et lieux diffuser l'information sur les enseignements, les documents, les ressources pédagogiques, méthodes pour l'enseignement des langues en Europe, nouveaux types d'équipements ;
- renforcer la coopération entre institutions concernées sur une base bilatérale ou multilatérale : recherches, études comparatives, formation des enseignants.

2. A ceci on pourrait ajouter :

- créer une banque de données relatives à l'enseignement des langues en Europe : qui enseigne quoi, à qui, comment (matériels d'enseignement disponibles) ; possibilités d'échanges d'étudiants et d'enseignants ; bourses, facilités financières ; recherches en cours, études comparatives ; informations en Europe et en dehors de l'Europe sur les langues européennes etc.
- Publier un atlas des langues de l'Europe, mis à jour selon les dernières données.
- Et pourquoi pas susciter la proclamation d'une "Charte des droits linguistiques en Europe" ?

Il n'est pas possible d'épuiser un sujet comme celui-là à travers une seule présentation limitée par ses objecifs et ses dimensions. Je me propose de répondre volontiers à toutes les questions que vous souhaiteriez poser.

Merci de votre attention et de votre patience.

LANGUES ET DEMOCRATIE[1]

Philippe BLANCHET
Université de Haute-Bretagne et Observatoire Linguistique

***Resumit** : L'espelisoun de gros mejan de coumunicacien e la plaço que tènoun encuei dins la vido poulitico e soucialo internaciounalo, en passant lei frountiero, nous fa vèire miés qu'aièr coumo lingo e soucieta soun ligado. Pamens, aquéli liame estré soun mau o gaire coumpres, e si vis que lei pouliticaire s'entrèvoun pas dei lingo coumo critèri dóu founciounamen d'uno soucieta. Uno lingo a douas founcien foundamentalo : uno founcien de coumunicacien emé l'autre, uno founcien d'identificacien, qùntou que siegue l'estamen de la lingo. Es souvèntei-fes lou manco de preso en comte de la founcien identitàri de la lingo, e lou refus de la diverseta dei lingo en generau, que marco fouaço sistèmo pouliti centralisto o toutalitàri, que fan de mau au mounde, coungreioun de guerro, e urousamen cabussoun souto la revóuto dei gènt que soun identita es rebufado. La lenguistico, la poudèn regarda coumo uno scièncì au caire-fourc dei scièncì de l'ome, que toco tóuti lei coustat de la vido de la persouno e dóu groupamen d'ome, e pòu dounco nous ajuda à faire avans vers uno soucieta mai demoucratico e mai respetouso dei Dre de la Persouno. Es bèn segu que s'un Estat respèto pas lei Dre lenguisti d'uno partido de seis estajan, Dre que soun esta afourti pèr mant uno declaracien internaciounalo (per eis. ONU 1948), acò vòu dire qu'a de prougrès à faire sus la draio demoucratico. Lou Dre de parla, d'estudia, d'emplega de pertout sa propro lingo (qu'es pas toujou la lingo meirenalo) e d'èstre educa dins aquesto lingo, es un Dre foundamentau. E pamens l'istòri deis estat éurou-pen, e d'ùnei que l'a encuei, es cafido d'óupressien lenguistico, principalamen contro lei lingo dicho "regiounalo" o "minouritàri", mai tambèn contro lei varieta poupulàri o regiounalo de la lingo d'estat, que soun majouritàri. Es uno escorno grèvo facho à la demoucracìo, escorno que n'aproufichoun uno minouranço que tèn lou poudé, poudé qu'aquelo minouranço a sachu, finòchou, liga à la mestreso de soun parla. Mi sèmblo ansin que duvèn travaia dins douas di-recien : la recounouissènci de la diverseta coumo provo de la demoucracìo, e la demoucrati-sacien dei poulitico lenguistico (demanda soun vejaire en tóuti lei gènt toucant tout ce que si decido pèr sei lingo) à luego de leissa un pichoun groupe decida pèr tóuti - e subretout pèr sei interès ! Se voulèn que l'Éuropo siegue uno demoucracìo meiouro, e noun un estat centralisto, pòu si faire que sus aquèstei baso de la diverseta di regioun, prouvinço vo etnìo e noun sus la deis Estat-nacien establi (que soun pèr aro soulet à basti l'Europo, lei regioun e prouvinço es-tènt fouaro-bandido, vèire Maastricht), que poudrien countunia tranquilamen d'escracha la diverseta en soun dintre.*

Résumé

Le développement des grands moyens de communication et le rôle qu'ils jouent dans la vie politique et sociale internationale, faisant fi des frontières,confirment à quel point langue et société sont liées. Pourtant, ces rapports sont encore peu et mal compris, notamment par les hommes politiques.

[1] Le texte de cette communication ayant été diffusé lors du colloque et publié sous forme complétée depuis (cf. avant-propos), on n'en donne ici qu'un résumé.

En effet, il est fort rare qu'on considère les langues comme un critère d'évaluation du fonctionnement d'une société. Une langue compte toujours deux fonctions fondamentales : de communication avec l'Autre, d'identification de soi-même, quelles que soient son expansion ou sa perte de locuteurs. C'est souvent le manque de prise en compte des fonctions identitaires de la langue, et le refus de la diversité des langues en général, qui caractérise nombre de systèmes politiques centralistes ou totalitaires, qui nuisent aux populations, engendrent des conflits, et chutent, heureusement, sous la révolte de ceux dont l'identité est bafouée.

La linguistique peut-être considérée comme une science au croisement des sciences de l'homme, car elle touche à tous les aspects de la vie individuelle et collective, et peut donc nous aider à progresser vers une société plus démocratique et plus respectueuse des Droits de la Personne. Il est évident que si un Etat ne respecte pas les Droits linguistiques des citoyens, Droits affirmés par de nombreuses déclarations internationales (par ex. ONU 1948), cela signifie qu'il a des progrès à faire sur la voie de la démocratie. Le Droit de parler, d'étudier, d'employer partout sa propre langue (qui n'est pas toujours la langue maternelle), et d'être éduqué dans cette langue, est un Droit fondamental. Cependant l'histoire des états européens, et de certains d'entre eux aujourd'hui encore, est pleine d'oppression linguistique, notamment contre les langues dites "régionales" ou "minoritaires", mais également contre les variétés populaires ou régionales de la langue d'Etat, qui sont majoritaires. C'est une atteinte grave portée à la démocratie, atteinte dont profite une minorité hégémonique détenant le pouvoir, pouvoir que cette minorité a su lier à la maîtrise de son parler. Je crois ainsi que nous devons travailler dans deux directions : la reconnaissance de la diversité comme preuve de la démocratie, et la démocratisation des politiques linguistiques (c'est-à-dire organiser la participation de tous à toute décision linguistique) au lieu de laisser un petit groupe décider pour tous et surtout servir ses propres interêts.

Si nous voulons que l'Europe soit une meilleure démocratie, et non un vaste état centraliste, cela ne peut se faire que sur ces bases, celles de la diversité des régions, provinces et ethnies, et non de la diversité des Etats-nations établis (qui sont pour l'instant les seuls à décider l'Europe, les régions et provinces étant exclues) qui pourraient alors continuer à étouffer leur diversité interne.

RELATIONS ECONOMIQUES ET USAGES DES LANGUES ETRANGERES DANS LES ENTREPRISES[1]

Guy JUCQUOIS,
Université de Louvain

"Geen vlaams, geen cent !"(*)
("Pas de flamand, pas d'argent !)

Plan

1. Pouvoir politique et usages linguistiques : 1.1. Centralisation du pouvoir et uniformisation linguistique. 1.2. Domination linguistique et langue privilégiée. 1.3. Evolution économique, linguistique et politique récente.

2. Les interdépendances contemporaines : 2.1. Le passage de l'Etat - Nation vers l'Etat fédéré. 2.2. Universalisation et maintien de la diversité.

3. Langues, formation et entreprises : 3.1. Education concertée, langues secondes, écoles et entreprises. 3.2. Les difficultés des enquêtes. 3.3. Echanges de produits et échanges commerciaux d'un nouveau type.

4. Conclusions : 4.1. Plaidoyer pour la diversité. 4.2. La nécessaire intervention politique. 4.3. Une dignité retrouvée.

Resumit *: Lei relacien de poudé si pouadoun vèire tambèn dins leis lingo. Que lei relacien venguèssoun encuei internaciounalo, acò si pòu analisa coumo uno evoulucien poulitico generalo emai coumo un crèis deis escàmbi dóu negòci e dei culturo. Tant, l'educacien duou prene en comte leis acouàrdi dei poudé pouliti, deis entreprenèire, deis ensignaire e de seis estudiant. Mai estrechamen, l'ensignamen dei lingo fourestiero duvoun l'asata au noumbre em'à la diverseta deis escàmbi, e tambèn eis biais nouvèu deis escàmbi.*

---

[1] Communication présentée au colloque de Huy.

1. POUVOIR POLITIQUE ET USAGES LINGUISTIQUES

1.1. Centralisation du pouvoir et uniformisation linguistique.

L'usage des langues étrangères dans les entreprises commerciales semble n'obéir, à première vue qu'aux exigences spécifiques du marché. Penser ainsi revient à occulter les relations entre économie et société et donc à négliger le facteur politique. On sait mieux aujourd'hui combien tout pouvoir politique, non seulement s'inscrit nécessairement dans des pratiques économiques, mais encore se situe par rapport à des usages linguistiques qu'il promeut ou dénonce. Le détour vaut la peine de s'interroger d'abord sur ces questions avant de porter la réflexion sur les conditions d'emploi des langues étrangères dans nos entreprises.

Les travaux sur l'apprentissage de la langue maternelle nous rappellent opportunément qu'apprendre à parler est, pour l'enfant, simultanément s'initier aux relations sociales. C'est dire, qu'à travers les rôles qu'il assumera, l'enfant apprendra le fonctionnement des relations de pouvoir dans sa famille et dans le milieu primaire qui est le sien. En contrepartie, l'enfant sera reconnu, approuvé ou félicité ou, au contraire, rejeté et puni par ses proches, il s'inscrira ainsi dans un système de gratifications (LAPIERRE. 1988. 250 sq.).

En d'autres termes, l'enfant apprend à parler selon des règles et des échelles de valeur, de la même manière qu'il apprend à agir. L'opposition traditionnelle entre parole et action relève sans doute de l'idéologie (KASSAï. 1989. 258), elle permet de faire commodément coexister deux univers que l'on veut (se) représenter comme étant distincts(1) et ainsi d'imaginer le fonctionnement du langage comme neutre.

En fait, le domination de l'homme sur son univers et sur ses semblables s'exerce conjointement par le langage et par son action. Comme le rappelait opportunément Roland BARTHES (1978. 10 sq.) dans sa *Leçon* inaugurale au Collège de France, tout discours est discours de pouvoir, *libido dominandi.* Cette dernière, si elle réussit, engendre chez celui qui la subit culpabilité et infériorité dont les effets se font sentir à leur tour dans les attitudes et les comportements.

D'un point de vue macroscopique, on sait que, sinon synchroniquement, du moins à une période marquante de leur histoire, les lignes d'isoglosses correspondent - sauf obstacles ou limites naturelles - à des frontières politiques au sens large(2). C'est, en effet, que le pouvoir politique qui vise à la centralisation a comme conséquence une inéluctable uniformisation des usages linguistiques. La tendance est d'autant plus forte que le pouvoir est centralisateur et que les relations sont nombreuses dans le territoire.

Tant par la manière dont il se transmet que par celle dont il fonctionne dans la Cité, le langage se révèle une institution conservatrice gérée par les classes dominantes, tout en donnant aux usagers une illusion de liberté et de naturalité d'autant plus fondamentale que le sujet est incapable de s'exprimer dans d'autres langues (ROSSI-LANDI. 1974. 1959)(3). La domination symbolique des uns sur les autres s'exerce d'ailleurs d'autant plus facilement qu'elle présuppose de la part de ceux qui la subissent "une forme de complicité qui n'est ni soumission passive à une contrainte extérieure, ni adhésion libre à des valeurs" (BOURDIEU. 1982. 36).

On comprend donc que, jusqu'à nos jours, les liens soient étroits entre langue(s) et Etat, ce dernier imposant, essentiellement à travers les modalités d'usage, l'adhésion à une norme collective. Aujourd'hui, et particulièrement dans le cadre de la Communauté Européenne, l'Etat-Nation se révèle bien souvent de trop faibles dimensions (MATTELART. 1981. 137a), tandis que sa dynamique centralisatrice et assimilatrice témoigne d'un modèle sans doute dépassé tant par rapport aux exigences économiques et politiques que par rapport aux aspirations contemporaines. A cet égard, et quoique le contenu précis n'en soit pas encore défini, l'Europe des régions répond mieux aux exigences actuelles que le modèle américain, malgré son appellation de "fédérale"(4).

Quoi qu'il en soit de l'évolution politique possible de la Communauté Européenne, selon un modèle fédéré, régional et diversifié ou selon un modèle centralisé et uniformisé, l'uniformisation du marché, elle, se poursuit, notamment par la multinationalisation des entreprises. Le modèle économique qui prévaut actuellement dans celles-ci tend à l'uniformisation des usages linguistiques, au profit de l'américain comme langue commune (CASSEN. 1982. 532a)(5).

1.2. Domination linguistique et langue privilégiée.

L'anthropologie économique permet d'analyser les modes de production d'une société en corrélation avec les relations sociales, et donc langagières, en son sein. Cette analyse met en évidence les modalités des processus de domination des uns sur les autres (GODELIER. 1975. 110). La domination s'exprime de nombreuses manières parmi lesquelles les usages linguistiques - choix entre plusieurs langues ou variétés d'une même langue - occupent une place de première importance.

Si chaque sujet parlant estime être le seul maître de sa langue, de la vivre et d'en user en quelque sorte comme d'une propriété privée (ROSSI-LANDI. 1974. 1965), il s'agit-là d'une illusion puisque la classe dominante exerce une contrôle constant sur l'émission et la circulation des messages, verbaux et non-verbaux, contitutifs d'une communauté (IDEM. 1972 sq.)(6).

Les stratégies linguistiques recoupent donc les stratégies économiques et politiques - d'où d'ailleurs l'intérêt des dominants de les présenter comme si elles étaient dissociées et indépendantes. Elles s'échelonnent entre l'exclusion absolue et la reconnaissance identitaire et égalitaire, en passant par tous les degrés d'exclusion relative.

Lorsque plusieurs communautés linguistiques coexistent au sein d'un même Etat et qu'existe entre elles un rapport de domination (Ainsi dans les exemples cités par LAPIERRE. 1988. 262 sq.), les marques hiérarchiques liées aux usages du langage sont plus apparentes. La quasi-impossibilité pour les dominés d'atteindre aux postes les plus élevés de la hiérarchie sociale et économique "se justifie", dans le discours des dominants, par les "imperfections" linguistiques que ces derniers pensent déceler chez les premiers.

Des stratégies linguistiques, économiques ou politiques fonctionnent de la même manière dans des communautés apparemment homogènes comme on le sait, par exemple, par les études sur la transmission du savoir dans nos sociétés ou par les travaux sur la mobilité sociale et économique.

Dans le processus d'uniformisation linguistique, tant au sein d'une communauté que dans les relations internationales, l'impérialisme culturel et linguistique des dominants s'exerce d'autant mieux qu'il recrute des alliés. La bourgeoisie, en effet, fonctionne fréquemment comme intermédiaire ou comme relais entre les dominants et les dominés. Elle intériorise les modèles comportementaux et linguistiques des dominants et elle les reprend à son propre compte dans les relations avec ceux qu'à son tour elle domine.

Les forces extérieures ne peuvent s'exercer au sein d'une communauté sans une médiation de forces internes (Déjà GRAMSCI cité par MATTELART. 1981. 134), rôle joué par la bourgeoisie tant dans les situations postcoloniales par rapport aux anciennes métropoles qu'en Europe occidentale dans nos relations principalement avec les Etats-Unis. En effet, "l'impérialisme culturel est l'ensemble des processus par lesquels une société est introduite au sein du système moderne mondial et la manière dont sa couche dirigeante est amenée par la fascination, la pression, la force ou la corruption, à modeler les institutions sociales pour qu'elles correspondent aux valeurs et aux structures du centre dominant du système ou à s'en faire le propagandiste" (BRZEZINSKI apud MATTELART. 1981. Loc. cit.).

L'usage des langues étrangères, et particulièrement de l'américain, mais aussi dans une mesure bien moindre des autres langues dites internationales notamment dans les anciennes colonies, s'inscrit évidemment au premier rang des processus impérialistes dont parle BRZEZINSKI.

1.3. Evolution économique, linguistique et politique récente.

Les processus de centralisation à l'oeuvre, en Occident, depuis l'Antiquité sont à la base de l'idéologie de l'Etat-Nation telle qu'elle s'est développée depuis la fin de la Renaissance. Plus récemment, principalement depuis la Révolution de 1789, le centralisme politique, administratif et économique, s'est accompagné d'une volonté d'uniformisation culturelle et linguistique. Le phénomène a été bien mis en lumière notamment par les travaux de BALIBAR, de CERTEAU, de CHERVEL, de FURET et d'OZOUF notamment.

Pour la première fois dans l'histoire de l'humanité, la constitution de la Communauté Européenne pose la question du difficile passage d'une union entre des Etats-Nations, fonctionnant encore sur le modèle de l'uniformité et de la centralisation, vers un Etat fédéral avec le développement nécessaire d'une idéologie nouvelle basée sur la diversité et la régionalisation.

Le problème est d'autant plus délicat, mais urgent à résoudre que, depuis la Renaissance, l'expansion économique n'a pu se produire que par la mutation d'une économie fondée presque exclusivement sur la propriété immobilière vers une économie basée toujours davantage sur la propriété mobilière. Or, la particularité des biens mobiliers est qu'ils se transmettent et se conservent à peu près dans l'anonymat (JUCQUOIS. 1989. 102). L'accroissement de l'importance économique et sociale des biens mobiliers par rapport aux biens immobiliers correspond donc aussi à l'impersonnalisation des échanges dans l'histoire occidentale, processus qui a comme corollaire un relâchement des liens sociaux et des solidarités qui entraîne lui-même une tendance à une uniformisation plus grande et, à certains égards, à une aliénation plus importante et aisée(7).

Si, comme le remarque Georges KASSAï (1989. 258), la linguistique et l'économie politique présentent le même caractère d'une volonté de rationalisation, c'est bien parce qu'à travers les échanges linguistiques, comme à travers les échanges économiques, on vise à atteindre des objectifs, c'est-à-dire qu'on se soumet à des valeurs dont le partage fonde le groupe auquel on appartient.

L'histoire des sciences de l'homme montre que la description de comportements non-verbaux, dans ce qu'ils ont de généralisable et de scientifique et non dans leur aspect individuel et anecdotique(8), est restée très longtemps l'apanage de l'ethnologie, c'est-à-dire d'une science qui visait initialement d'*autres sociétés* que la nôtre. La raison en réside vraisemblablement dans l'impression commune que nos propres comportements individuels nous semblent libres et rationnels.

Les progrès de nos disciplines soulignent en effet combien ce sont l'ensemble des attitudes et des discours qui reflètent les positions et relations sociales des individus. Une éventuelle aliénation ou, au contraire, une position de domination se marque non seulement politiquement, socialement ou économiquement, mais aussi linguistiquement, dans les choix des niveaux de langues, dans l'étendue du répertoire langagier, comme aussi dans le recours à d'autres langues dans telle ou telle situation(9).

On peut donc s'attendre à ce qu'à un processus d'industrialisation et d'uniformisation du marché sur le plan mondial corresponde une unification du marché linguistique à la mesure des processus économiques et politiques. Sur le plan intérieur se poursuit, à des degrés divers selon les pays et les situations, la standardisation linguistique inaugurée souvent depuis longtemps (par ex. en France, en Italie ou en Allemagne); sur le plan des relations entre les communautés aussi, "l'unification du marché des biens symboliques qui accompagne l'unification de l'économie, et aussi de la production et de la circulation culturelles" (BOURDIEU. 1982. 34 sq.), impose le recours de plus en plus fréquent à l'américain, dans sa version internationale, comme langue commune.

Il existe cependant un décalage chronologique entre les aspects industriels et économiques de l'uniformisation et, d'autre part, les aspects symboliques (sociaux, politiques, culturels et linguistiques) qui y correspondent. Sans disposer d'études sur la question, on pourrait cependant légitimement supposer que la symbolisation ne se produit que progressivement, de même qu'elle survit un certain temps aux modifications des données concrètes, par exemple économiques.

Or, ce qui se produit actuellement laisse percer les signes avant-coureurs d'une mutation de nos sociétés occidentales. D'une part, en effet, continue à se développer une idéologie scientiste mondialisante au nom de laquelle toute tentative de résistance au déferlement d'une uniformisation économique, sociale, culturelle et linguistique apparaîtraît comme réactionnaire, uniformisation dans la droite ligne d'une évolution occidentale, maintenant pluriséculaire. D'autre part, depuis quelques années apparaissent par contre les signes d'une exigence différente : celle de l'affirmation de la valeur de la diversité.

C'est sur un projet implicite de société que François MITTERAND s'est fait élire en 1981 : maintenir une identité spécifique à la France, tant économiquement, socialement, politiquement que culturellement et linguistiquement, tout en intégrant le pays dans les forces économiques mondiales dominantes (CASSEN. 1982. 533).

De même, comment interpréter autrement que comme une affirmation identitaire et diversifiée, le renouveau des régions et des langues locales auquel la

Communauté Européenne semble apporter beaucoup d'attention, sans qu'on puisse pour autant lui en attribuer le mérite ou l'initiative...

Enfin, l'examen des tendances commerciales récentes révèle une modification de la nature des produits exportés et, en conséquence, des mentalités exportatrices occidentales. On comprend aujourd'hui qu'on vendra, à l'avenir, moins de produits que du savoir-faire. On n'exportera plus des produits finis, mais on implantera des usines destinées à les fabriquer sur place. Ce changement fondamental des usages commerciaux impliquera également un changement profond des mentalités actuelles. Pour implanter une usine à l'étranger, le recours à une langue internationale ne peut suffire, il faut au contraire une adaptation parfaite aux spécificités locales, économiques, industrielles, mais aussi et d'abord culturelles et linguistiques.

2. LES INTERDEPENDANCES CONTEMPORAINES

2.1. Le passage de l'Etat - Nation vers l'Etat fédéré.

L'existence et le maintien de l'Etat-Nation supposent un processus de domination et d'hiérarchisation. Celui-ci n'est concevable que sur un fond perçu comme identificatoire, ménageant différences et similitudes. Sur ce plan, le rôle de l'école est fondamental puisqu'elle produit ou, au moins, inculque, intellectuellement et moralement, des similitudes. Le pouvoir de l'école est irremplaçable dans cette fonction de socialisation et d'intégration ainsi que le savent les dirigeants politiques ou confessionnels.

Ce serait une erreur de penser que ce n'est qu'à travers l'enseignement de la langue maternelle que se réalise la fonction intégratrice de l'école. Toutes les matières, tant par les choix positifs et négatifs effectués que par les méthodes ou les applications retenues, remplissent la fonction d'intégration sociale.

Peut-être que la position de LENINE (Apud KONDRACHOV. éd. 1982. 118) était trop radicale lorsqu'il rappelait le lien étroit entre le capitalisme russe et la langue qu'il "rendait indispensable", il n'empêche cependant qu'il importe de ne pas sous-estimer les relations entre des formes de pouvoir politique ou économique et, d'autre part, les modalités linguistiques qui paraissent y correspondre. Ainsi, l'universalisation de l'économie, accompagnée d'une interdépendance de l'Occident et d'une américanisation des modes de vie(10), poursuit la logique selon laquelle l'Europe s'est construite historiquement dans le sens de l'Etat-Nation. Sur le plan mondial, toutefois, ce dernier joue actuellement, en face des grandes superpuissances et particulièrement des Etats-Unis, le même rôle de frein et d'obstacle que jouaient jadis les régions et les provinces dans le processus de constitution des Etats-Nations occidentaux.

2.2. Universalisation et maintien de la diversité.

La généralisation, au plan planétaire, de modèles de référence américains souligne à la fois le processus d'universalisation des modes de vie, de mondialisation de l'économie, mais aussi l'impérialisme linguistique et l'américanisation de la culture qui accompagne et font partie intégrante de ces modèles (MATTELART. 1981. 135 - 136).

Malgré les apparences libertaires, dont on ne sait plus si elles sont sirènes de propagande ou tentatives de justification de communautés aliénées et déculturées, l'uniformisation linguistique et idéologique que révèle la "langue de bois", dont on aurait tort de croire qu'elle appartient définitivement et uniquement au passé soviétique, manifeste le fonctionnement d'un discours légitime unique, celui de l'appareil (COURTINE. 1986. 188). Comment ne pas faire l'analogie avec d'autres formes de discours, résultat d'une volonté d'homogénéisation et d'uniformisation s'abritant derrière des notions telles que celle d'efficacité ou de nécessité, sinon d'une fraternité universelle unanimiste?

Deux types de mouvements se produisent actuellement, les uns dans le sens d'une uniformisation, les autres dans celui du maintien et de l'épanouissement de la diversité. Historiquement, le processus d'uniformisation correspond politiquement et sociologiquement à l'avènement de l'Etat-Nation, économiquement à l'universalisation du commerce, technologiquement à l'industrialisation. Mais ce processus connaît aussi des limitations internes. En effet, l'homogénéisation, constatée aussi bien au niveau planétaire que dans l'analyse plus détaillée de grands ensembles urbains(11), s'accompagne le plus souvent d'un éclatement de l'espace vécu avec une ségrégation des milieux sociaux et une spécialisation des espaces. De plus, bien que le processus d'uniformisation et d'homogénéisation soit encore loin d'être achevé, on constate déjà des signes d'une rétroévolution (GUERMOND et MATHIEU. 1986. 214).

Le modèle uniformisateur a séduit aussi bien l'idéologie capitaliste que l'idéologie marxiste-léniniste. Dans le régime d'accumulation appelé fordisme(12), il y a tentative de concéder au niveau local une relative indépendance consummiériste, tandis que la productivité reste régie par des règles générales obéissant à une logique mondiale et s'exprimant d'une manière unique en anglo-américain. Dans le marxisme-léninisme également, l'uniformisation des modes de vie et le recours à une langue unique, "librement" adoptée par tous, en l'occurrence le russe, renforce "l'indiscutable portée progressive de la centralisation <et> des grands Etats" (LENINE apud KONDRACHOV. éd. 1982. 118).

En notre fin de siècle, le balancier semble aller dans le sens opposé : les voix autorisées s'élèvent pour exiger que l'internationalisation de la vie s'accompagne d'une audacieuse et énergique politique culturelle et linguistique de la diversité (GRAZIOSI. 1975. 76). En divers endroits d'ailleurs la résistance se manifeste et s'organise contre l'aliénation et la déculturation que signifie aussi la mondialisation. Positivement, émerge également la volonté d'un développement autocentré, expression de l'exigence du maintien d'une indépendance (CASSEN. 1982. 532).

Sur les plans strictement économique et financier, une prise de conscience s'opère progressivement et certains refus s'expriment dorénavant. La Communauté Européenne est ainsi à l'origine du refus du quasi monopole exercé par les Etats-Unis en matière de banques de données, du fait notamment du recours à la seule langue américaine, mais aussi de l'importance des moyens consacrés à ce domaine dans ce pays. Les études prouvent, en effet, que ce monopole entraîne une diminution de la liberté concrète économique et industrielle, une marge de décision plus étroite et se répercute finalement sur l'importance et le nombre des initiatives dans ces domaines (MATTELART. 1981. 131).

De même, l'usage courant du dollar américain dans les transactions européennes ou internationales, autre signe de mondialisation et d'uniformisation, n'est pas sans répercussions sur l'économie communautaire. En effet, outre la plus-value qu'acquiert ainsi cette monnaie, cet usage fait dépendre les entrepreneurs européens de fluctuations extérieures sur lesquelles eux-mêmes, aussi bien que leurs dirigeants politiques, sont sans pouvoir. Ils perdent, de ce fait, une partie importante de leur pouvoir de décision. De plus, cette pratique met à charge des entrepreneurs communautaires, directement ou indirectement, les frais de banque liés à ces tractations et aux changes qu'elles entraînent. Cela contribue à rendre le cours du dollar artificiellement élevé à fragiliser nos propres monnaies ce qui augmente la charge de la dette européenne.

Ce n'est pas par hasard que l'ensemble de ces caractères sont représentatifs de l'économie du Tiers-Monde dans sa dépendance envers l'économie des pays industrialisés et particulièrement des Etats-Unis. En effet, *mutatis mutandis*, on constatera combien l'uniformisation et la mondialisation imposée à l'Europe présente d'analogies avec la situation des pays du Tiers-Monde.

3. LANGUES, FORMATION ET ENTREPRISES

3.1. Education concertée, langues secondes, écoles et entreprises.

Sans doute est-il inutile d'insister davantage, on aura compris combien le langage est porteur d'idéologie, combien aussi les choix linguistiques, choix de niveaux de langues et de variantes sociolectiques, mais aussi choix de telle langue plutôt que de telle autre, s'inscrivent dans des matrices socio-politiques. Il importe d'en prendre conscience et d'augmenter la proximité entretenue avec la réalité. Les objectifs en seront d'autant mieux fixés et atteints, proposition valable également pour les entreprises (KASSAï. 1989. 257).

Plutôt que de considérer l'expansion de l'américain comme une nécessité ou un corollaire de l'internationalisation des échanges, plutôt également que de présenter cette uniformisation linguistique comme inéluctable ou comme l'équivalent contemporain du latin du Moyen âge ou de la Renaissance, plutôt enfin que de s'illusionner et de donner le change sur les prétendus avantages de cette tentative de pidginisation universelle, vaudrait-il mieux d'envisager sérieusement l'hypothèse d'un impérialisme américain, linguistique, économique et politique et d'examiner les conséquences de cette lecture de nos réalités occidentales.

Partons donc de constatations : les statistiques scolaires disponibles établissent pour l'ensemble de la Communauté Européenne un recul massif des autres langues que l'anglais, sauf en Grande Bretagne, bien entendu, où le français joue, dans une moindre mesure et avec de moins bons résultats, le rôle de l'anglais ailleurs (CASSEN.1981. 532).

Seconde constatation : de plus en plus, les entreprises engagent soit des spécialistes du marketing, du droit fiscal, etc., soit, une espèce encore rare et non profilée dans les universités ou dans les grandes écoles, des spécialistes "généralistes", c'est-à-dire des personnes ayant une formation universitaire ou équivalente, mais présentant la caractéristique d'une grande adaptabilité(13). Quel que soit le choix, les entreprises ne recrutent guère de spécialistes de l'anglais, du français, de l'allemand, etc., c'est dire que diverses qualifications sont requises *dont* une connaissance linguistique (THEYSSET dans LANGUES... 1975. 90).

Troisième constatation : selon les lois de l'offre et de la demande, ce seront les entreprises qui formeront pour tel emploi précis ceux qu'elles auront préalablement recrutés, ou, au contraire, ce seront les demandeurs d'emploi qui devront prendre l'initiative d'une formation qui ne sera réellement valorisée et rentabilisée que dans l'hypothèse d'un recrutement ultérieur. Ainsi en période de forte expansion, lorsque la demande se révèle plus forte que l'offre, ce sont souvent les entreprises qui forment ou qui complètent la formation du personnel qu'elles recrutent (SALES. 1981. 192 - 193).

De la constatation précédente découle un corollaire : en période de haute conjoncture, la formation tendra à être prise en charge par l'entreprise, partiellement du moins et en tout cas pour la partie spécifique ; en période de basse conjoncture, au contraire, ce sera l'inverse la formation restera entièrement à charge du solliciteur d'emploi ou du travailleur qui souhaite se recycler ou améliorer sa formation. Dans la première hypothèse, la formation tendra à la diversification - ce qui correspond également à une plus grande complexification et spécialisation du marché et des produits ; dans la seconde, à l'inverse, la formation tendra à l'uniformisation.

Il n'échappera pas que ce que nous décrivons ici correspond aussi à l'opposition de la structure de l'emploi dans les pays riches et dans les pays pauvres : formation spécialisée et spécifique d'une part, formation générale et identique pour tous de l'autre. Dans le premier cas, on forme des personnes compétentes sans que la concurrence entre elles soit féroce puisqu'elles sont complémentaires du fait de leur spécialisation ; dans le second cas, on accroît uneconcurrence déjà sauvage puisque les profils sont identiques. D'ailleurs ne constate-t-on pas toujours une dévalorisation des professions lorsqu'on forme d'une manière standardisée de grandes masses de personnes ?

Contentons-nous d'illustrer ceci par un exemple. Depuis l'instauration du Traité de Rome, les échanges entre l'Italie et la France n'ont cessé d'augmenter de manière très significative. Si l'enseignement d'une langue étrangère avait réellement la finalité pratique qu'on prétend, on aurait dû constater, dans l'enseignement secondaire, celui qui est destiné à la grande masse, une augmentation corrélée du nombre d'élèves de français en Italie et d'italien en France. Or, c'est exactement l'inverse qui s'est produit puisque le nombre d'élèves de français en Italie a décru depuis, de même que celui, déjà fort bas auparavant, des élèves d'italien en France (Déjà GRAZIOSI. 1975. 79).

Le paradoxe est levé quand on apprend que, dans les deux pays, le nombre d'élèves de cours privés payants, de français en Italie et d'italien en France, a pris la relève et rencontre des besoins que la massification et l'uniformisation de l'enseignement secondaire avaient cessé de satisfaire. La différence réside dans le fait que l'accès à ces cours privés est réservé à des personnes ayant suffisamment d'indépendance d'esprit que pour apprécier à leur juste valeur une formation spécifique dans une société où l'on prêche sans arrêt les vertus de l'uniformisation, que ces personnes doivent en outre disposer du temps libre et des moyens matériels pour suivre cet enseignement d'un prix souvent élevé. Quoi d'étonnant, dès lors, de constater que les élèves qui suivent ces cours sont généralement des cadres supérieurs, voire des directeurs d'entreprise ?

Cet exemple suffira sans doute provisoirement à montrer combien, malgré les apparences, une formation identique pour tous en matière de langue étrangère, comme d'ailleurs dans d'autres domaines, s'avère insuffisante et inadaptée socialement, mais aussi économiquement comme on le verra plus loin.

3.2. Les difficultés des enquêtes.

Depuis longtemps déjà les instances dirigeantes de la Communauté Européenne ont pris une claire conscience de l'importance d'enquêtes précises sur les réalités actuelles et sur les besoins futurs des entreprises en matière de langues étrangères (Ainsi, déjà les résolutions adoptées en 1975, cf. LANGUES... 125).

On dispose de trois types de statistiques pour une approche chiffrée et évolutive de l'étude de cette question. Tout d'abord des données sur l'apprentissage des langues étrangères dans les établissements d'enseignement primaire et surtout secondaire des divers états membres de la Communauté Européenne (Par ex. dans LANGUES... 1975. 137 sq. pour l'année 1973). Dernières données connues pour la France et facilement accessibles publiées dans FREMY. éd. 1990. 1283, concernant l'année scolaire 1988 - 1989(15).

Ces données montrent la position de plus en plus dominante de l'américain, sauf en Grande Bretagne et en Irlande, comme deuxième langue, le choix relativement peu fréquent d'une troisième et encore moins d'une quatrième langue et, dans la mesure où ces choix se réalisent effectivement, la préférence massive accordée au français et à l'allemand ou, en France, à l'allemand et à l'espagnol(16).

A notre connaissance, on ne dispose, par contre, d'aucune statistique d'ensemble pour la Communauté des enseignements privés de langues étrangères, avec une ventilation par niveau, par langue, et selon l'origine professionnelle, sociale et économique, des élèves.

En second lieu, existent des statistiques économiques, soit pour l'ensemble de la Communauté, soit pour chacun des pays membre, précisant, année par année, l'importance des importations et des exportations avec chacun des autres pays membres ou avec l'extérieur. Nous nous sommes basés sur trois sources privées et sur une source officielle. Comme sources privées nous avons eu recours au volume de complément à l'*Encyclopedia Universalis*, *Symposium* (ENCYCL. 1988. 79 sq.), comprenant les chiffres des années 1985 et/ou 1986, groupés, pays par pays, avec les principales sources des importations et les principales destinations des exportations(14). En second lieu, les statistiques fournies dans la série *L'état du monde. Annuaire économique et géopolitique mondial*, publié annuellement aux Editions Maspéro à Paris (GEZE et al. éd. sauf pour le dernier volume édité par CORDELLIER et LAPAUTRE. Paris. 1990). En troisième lieu, les données fournies dans les diverses éditions annuelles de *Quid* reprenant lui-même les données économiques, soit officielles (par ex. OCDE, ONU, etc.) soitprivées (par ex. *Le Nouvel Economiste*, etc.). Dernier volume édité (Dominique et Michèle FREMY. éd. *Quid 1991*. Paris. 1990), donnant les chiffres du commerce extérieur des principaux pays en 1988, ceux des importations et exportations (données globales pour la France et ses partenaires, Op.cit. 1684). Comme sources officielles, on utilisera les publications d'Eurostat et particulièrement les deux éditions de *L'Europe en chiffres*. Bruxelles - Luxembourg. 1989 (dernière édition), éventuellement complètées par les "Publications de l'Eurostat" sur le commerce extérieur (mensuel et annuaire).

Sans entrer dans le détail des échanges commerciaux, on constate rapidement que l'apprentissage des langues étrangères dans l'enseignement secondaire, enseignement devenu enseignement de masse en Europe et souvent la seule occasion pour les citoyens d'avoir commodément accès à l'étude d'autres langues, ne suit pas l'évolution du commerce extérieur et ne représente pas la réalité actuelle des échanges entre pays. Par exemple, les Etats-Unis ne sont ni gros fournisseur ni gros client pour la RFA (derniers chiffres en 1989 client pour 7,3 % de la RFA contre 9,1 % en 1970 et 6,1 en 1980, Joachim FRITZ-VANNAHME dans CORDELLIER et LAPAUTRE. éd. 1990. 130). De même, pour la France pour laquelle les produits importés des Etats-Unis passent, en pourcentages, de 9,9 % en 1970, à 7,7 % en 1980 et en 1989 (CORDELLIER dans IIDEM. éd. 140), ou enfin en Italie avec les pourcentages de 10,3 % en 1970, 7,0 % en 1980 et de 5,5 % en 1989 pour les Etats-Unis en tant que fournisseurs et des chiffres aussi bas comme clients.

La croissance des échanges au sein de la CEE est impressionnante (données comparées de GEZE et al. éd. 1982. 198 et de CORDELLIER et LAPAUTRE. éd. 1990. 150), ainsi pour l'Italie(en pourcentages) :

Fournisseurs :	1965	1970	1980	1989
CEE	31.2	47.3	46.2	56.7
Etats-Unis 13.5	10.3	7.0	5.5	
Clients :				
CEE	40.2	51.6	51.8	56.5
Etats-Unis 8.6	10.3	5.3	8.6	

Pour apprécier ces chiffres, il faut se souvenir que la part des Etats-Unis représentait en 1987 (Source Eurostat) 16,8 % du commerce mondial, tandis que celle de la Communauté Européenne était de 20.0 % à cette même date.

Un dernier type de données doit être utilisé pour apprécier l'importance réelle des langues étrangères, à savoir les éditions de méthodes d'apprentissage de langues étrangères et les dictionnaires traductifs. Les éditions successives du *Quid* nous donnent quelques chiffres intéressants à cet égard, malheureusement limités à l'anglais, à l'allemand et à l'espagnol. Nous nous bornerons aux données fournies dans les éditions de 1983 et de 1990 et concernant l'édition de dictionnaires traductifs de poche (chiffres ramenés en pourcentages) :

	1983	1990
anglais	55.49 %	60.76 %
allemand	22.77 %	19.40 %
espagnol	21.73 %	19.83 %

Nous n'avons malheureusement pas pu trouver de statistiques concernant les ventes de dictionnaires traductifs dans les éditions normales, soit à des niveaux élémentaires, soit à des niveaux plus avancés de connaissance de langues étrangères. Ces données seraient précieuses pour apprécier le nombre réel d'individus apprenant ou ayant appris diverses langues étrangères. En effet, la clientèle des dictionnaires en édition de poche est, sans doute, bien spécifique et consiste vraisemblablement en élèves-débutants de l'enseignement secondaire.

3.3. Echanges de produits et échanges commerciaux d'un nouveau type.

Il y a plus de quinze ans déjà, Yvon CHOTARD (1975. 81), Vice-Président du Centre National du Patronat Français, rappelait qu'un Français sur trois travaillait pour l'exportation ce qui devait entraîner, selon lui, un effort particulier d'adaptation à la diversité de la clientèle de la France. Depuis, ce pourcentage s'est accru notablement dans l'ensemble de la Communauté Européenne ce qui rend encore davantage nécessaire l'adaptation, tant pour les échanges intracommunautaires que pour ceux vers l'extérieur.

D'autre part, et quelles que soient les difficultés suscitées, aussi bien chez les immigrés que dans les pays d'accueil, par l'arrivée et l'implantation d'importants contingents de travailleurs étrangers, le maintien et *a fortiori* la croissance des exportations européennes ne se feront qu'avec l'aide de cette main-d'oeuvre venue combler le déficit démographique chronique dans lequel les pays industrialisés occidentaux semblent s'être installés.

De plus, même si actuellement encore les échanges avec les pays récemment exportateurs de main-d'oeuvre (Maghreb et Turquie) comme, d'une façon plus générale, avec l'ensemble des pays du Tiers Monde sont largement inégalitaires et au profit de la Communauté Européenne, l'évolution indique clairement que, dans un avenir fort proche, le flux commercial entre ces pays et les nôtres ira en s'amplifiant.

Ces raisons militent évidemment pour une diversification croissante de l'enseignement des langues et des cultures étrangères. Certains petits pays, fortement peuplés et industrialisés, ont compris cette nécessité depuis longtemps(17) et disposent d'un nombre important d'individus capables de s'exprimer dans diverses langues étrangères.

Pourtant, malgré des recommandations répétées des plus hautes instances communautaires ou nationales (Cf. déjà "Résolutions" dans LANGUES. 1975. 126 - 129), la situation ne change guère sur ce plan. Au contraire, on peut affirmer qu'au fur et à mesure que s'affirment les raisons d'une diversification nécessaire de la formation professionnelle et de l'apprentissage des langues étrangères les masses se soumettent davantage encore à ce qu'elles pensent être les avantages d'un unilinguisme international de l'anglais, de préférence dans sa variante américaine.

C'est que, pour diverses raisons, un fort pourcentage d'individus se laisse séduire par les sirènes de l'égalitarisme de la formation et du progressisme apparent d'une seule langue internationale. Le thème d'une langue unique pour toutes les relations internationales, économiques, diplomatiques, politiques, culturelles et scientifiques, comme signe tangible de la concorde entre les nations et marque du progrès de l'humanité est un thème fort ancien. Souvenir du lointain passé de la *pax romana* et de ce qu'elle représentait dans l'imaginaire collectif occidental, le latin servit fort longtemps de langues interculturelle. Lorsqu'on évoque cette époque, on omet de préciser qu'il s'agissait de la langue d'une mince élite intellectuelle qui communiait, non à une culture diversifiée et représentative des divers populations dont ces lettrés étaient issus, mais bien à une culture artificielle s'enracinant dans la scolastique médiévale(18).

On représente encore de nos jours la diversité linguistique comme un malheur frappant l'humanité. Ainsi, la volonté d'expression en différentes langues est-elle décrite, par SAMPSON (1970. 299) par exemple, comme la marque d'une "Europe apparemment en recul vers une variété plus moyenageuse, plutôt qu'en progrès vers une uniformité nouvelle" !

Pour la masse, en effet, l'uniformisation de la formation, notamment dans le domaine des langues étrangères, apparaît souvent comme le gage d'une réussite professionnelle future. Qu'il n'en est rien se découvre, par exemple, en réfléchissant aux statistiques de l'étude des langues étrangères en France ainsi qu'un dernier numéro de *L'événement du Jeudi* (N° 11 au 17.10.1990. 100 - 115) le démontre.

On y constate, en effet, que l'anglais vient largement en tête des langues étrangères étudiées en France (chiffres de l'année 1988 - 1989) avec plus de 80 % des élèves du secondaire, sauf parmi les enfants d'enseignants, de cadres supérieurs et, dans une moindre mesure, de cadres moyens ou de contremaîtres (François BAYROU. 113). Le choix se révèle donc bien un choix stratégique.

Tout se passe donc comme si l'uniformisation de l'enseignement des langues étrangères, langues choisies, méthodes d'apprentissage et finalités poursuivies, comme l'uniformisation des autres formations, devait préparer, non à des réalités futures très diversifiées, mais au contraire à former, en très grand nombre, des individus qui seront soumis à une concurrence professionnelle impitoyable puisqu'ils seraient, par hypothèse, interchangeables(19).

4. CONCLUSIONS

4.1. Plaidoyer pour la diversité.

On pourrait s'interroger sur l'origine de cette volonté populaire d'uniformisation. LENINE pensait que les ouvriers voulaient une unité complète et internationale (KONDRACHOV. éd. 1982. 104). Il précisait cependant que cette unité ouvrière future semblait ne pas impliquer une uniformisation puisqu'elle excluait théoriquement tout privilège pour quelque nation ou pour quelque langue que ce soit (Op. cit. 103).

Après les excès, désormais bien connus, des idéologies qui ont marqué notre siècle, on serait tenté de penser l'inverse. On voit bien, en effet, que ce sont les volontés d'uniformisation et d'égalitarisme à tout prix qui, loin de faire progresser l'humanité, ont été les causes directes de la mort, souvent atroce, d'innombrables contemporains. Les survivants de ces grands massacres découvrent que la démocratie exclut, dans une large mesure, l'uniformisation dans tous les domaines.

Plus positivement, et nous comptons revenir sur ce point ailleurs(20), ce n'est pas l'uniformité qui s'avère être un bien, mais, au contraire, la diversité. Celle-ci doit, en effet, être vécu comme richesse puisqu'elle permet de jouer sur les potentialités de chaque culture et de chaque langue. Par exemple, M. JOBERT (Cité par THEYSSET dans LANGUES... 1975. 90) faisait remarquer que MM. GISCARD d'ESTAING et SCHMIDT se "tutoyaient" en privé puisqu'ils parlaient anglais entre eux... Supposons qu'ils aient eu la possibilité de converser également ensemble en allemand et en français : le recours à une de ces trois langues et l'usage de tel pronom plutôt que de tel autre leur auraient fait disposer d'un éventail de possibilités linguistiques et donc communicationnelles qui aurait permis l'expression de nombreuses subtilités...

Inversement, le processus d'universalisation, que d'aucuns appellent de leurs voeux ou évoquent comme une réalité indéniable et bénéfique, ne peut que se revêtir des charmes trompeurs des idéologies totalitaires. Le cinéaste italien PASOLINI (MATTELART. 1981. 133) estime que la télévision, par exemple, est davantage autoritaire et répressive qu'aucun pouvoir ne l'a jamais été auparavant. Selon lui, le fascisme n'a même pas été capable d'égratigner l'âme du peuple italien, tandis que ce qu'il appelle le "nouveau fascisme" "grâce aux nouveaux moyens de communication et d'information et tout particulièrement la télévision, l'a non seulement égratignée mais lacérée, violée, souillée à jamais..." (Loc. cit.).

Dans un autre domaine, celui des flux financiers et des échanges économiques, l'Europe commence à comprendre que son intérêt bien compris ne consiste pas à adopter comme monnaie universelle le dollar américain... ce que les Etats-Unis, pour des raisons différentes mais complémentaires, découvre également.

Dernier exemple, celui de l'enseignement et de la formation : si l'avantage immédiat et à (très) court terme des entreprises et la facilité (aussi à très court terme) des gouvernements vont dans le sens d'une uniformisation des formations et des enseignements et renforcent donc le choix majoritaire de l'anglais comme seconde langue (SALES. 1981. 193), le mythe égalitariste qui sous-tend cette politique de nivellement et de massification ne pourra résister à l'inadaptation concrète à des emplois de plus en plus diversifiés, notamment sur le plan linguistique(21).

4.2. La nécessaire intervention politique.

Les anthropologues savent que le processus d'acculturation implique de la part de la société qui le subit une sorte de connivence de telle manière qu'elle participe en quelque sorte à ce qui causera son extinction en tant que groupe spécifique. Lorsqu'une communauté s'aliène ainsi, elle se programme elle-même comme pour se couper toute possibilité de retour sur le chemin de son identité propre (ROSSI-LANDI. 1974. 1981).

Une étude plus détaillée de ces mécanismes à l'oeuvre aussi dans nos sociétés occidentales montre que lorsque, dans une communauté plurilingue, l'usage d'une langue correspond à une situation d'infériorité sociale, l'enfant, à travers la socialisation, risque de réagir en rejettant sa langue maternelle perçue comme inférieure, puisque dominée et aliénée, et en voulant s'assimiler à la communauté dominante (LAPIERRE. 1988. 251).

Ceci explique que la résistance à l'uniformisation, notamment linguistique au profit de l'américain, apparaisse à beaucoup comme une attitude rapidement qualifiée de réactionnaire ou de dépassée et inutile (CASSEN. 1982. 532). Le rejet des valeurs traditionnelles héritées apparaît comme condition et signe d'une attitude progressiste et résolument moderne puisqu'apparemment universaliste.

Le processus de rejet des valeurs et de la langue traditionnelles au profit de la langue et des valeurs de la communauté dominante s'acompagne souvent de l'illusion que cet abandon sera récompensé dans un prochain paradis et que le prix à en payer en est la mort culturelle et l'oubli de son identité actuelle. On sait qu'il n'en est rien : les individus déculturés iront grossir les cohortes des déracinés, main-d'oeuvre moins qualifiée, ou prétendue telle, réserve de chômeurs et d'insatisfaits...!

La Déclaration universelle des droits de l'homme de 1789 ne mentionne pas, parmi les droits de l'homme, celui de recourir, en toutes circonstances, à la langue qui est la sienne. La même lacune existe dans la Déclaration Universelle faite à notre époque par les Nations Unies, bien qu'il y ait, en théorie du moins, une protection possible dans le cadre de la Commission des Droits de l'Homme de l'ONU (LAPIERRE. 1988. 252).

On comprend, dès lors, que pour tenter de préserver une identité nationale menacée divers Etats adoptent des mesures qui, appréciées par nous Occidentaux, semblent bien souvent révolutionnaires et inadmissibles. C'est ainsi, par exemple, que le Conseil de la Révolution prit le pouvoir en Lybie en 1969. La confiscation des avoirs étrangers dans ce pays précéda le contrôle des firmes pétrolières étrangères, puis leur nationalisation. L'importance du facteur linguistique dans le processus de mise sous tutelle économique que le nouveau pouvoir lybien entendait arrêter apparaît clairement à travers les décisions de suppression ou de diminution, selon les cas, de l'enseignement de l'anglais comme seconde langue (CORNEVIN. 1978. 362). Les exemples de l'Algérie, de divers Etats Indiens, etc. suivent le même sénario et poursuivent les mêmes buts.

D'une manière plus subtile, les pays industrialisés occidentaux perçoivent progressivement, et cela depuis environ une dizaine d'années, que l'usage de l'américain et l'américanisation des modes de vie entraîne, pour l'Occident également, une perte d'identité et une dépendance économique et politique qui appelle de sortir d'une prétendue interdépendance mondiale, alibi évoqué par l'impérialisme américain comme par ceux qu'il a déjà dénaturés(22).

La tendance naturelle des couches populaires, de même que celle des tranches d'âge qui vivent le plus violemment le conflit des générations, étant d'adopter d'autant plus facilement des modèles - notamment linguistiques - extérieurs dominants qu'elles se vivent elles-mêmes comme dominées, il appartient donc au pouvoir de prendre les mesures politiques, économiques et culturelles nécessaires pour faire prendre conscience à l'ensemble de la population des enjeux du maintien des composantes identitaires de cette communauté et, en attendant cette prise de conscience, de veiller à protéger les plus démunis des pièges d'une émancipation illusoire qui ne ferait que les précipiter dans une aliénation encore plus grande !

4.3. Une dignité retrouvée.

Ce que certains discours appellent "universalisation" ou "interdépendance" équivaut bien souvent aux anciens concepts d'impérialisme ou de colonialisme (MATTELART. 1981. 132). De même que les peuples du Tiers-Monde n'ont plus pu accepter, depuis plusieurs dizaines d'années, d'être traités de pays sous-développés et qu'on a cru améliorer la situation simplement en changeant la dénomination par la soudaine promotion de ces pays au rang de pays en voie de développement, les peuples occidentaux, eux aussi, ne peuvent accepter, en ce qui les concerne, l'étiquette de peuples colonisés.

L'impérialisme s'exerce sur tous les plans, commercial, culturel et linguistique, comme politique. La perte de confiance en soi qu'il entraîne et qu'il présuppose conduit à rechercher à l'extérieur des modèles identificatoires valorisants.

Cependant, le processus de massification que suppose l'universalisation culturelle fonctionne, dans ce cas, comme un leurre puisque, dans un monde de spécialisation, la sélection ne peut fonctionner que par différenciation. En effet, la volonté individuelle de se distinguer d'autres candidats à un même poste aboutit, dans les faits, à une surévaluation des caractères communs aux divers candidats et notamment de la connaissance de l'anglais comme seconde langue. L'uniformisation des profils joue donc contre les candidats pris dans leur ensemble au lieu d'agir en leur avantage (SALES. 1981. 194).

Quoi d'étonnant, dès lors, à ce que les victimes, même partiellement ou inconsciemment consentantes, de processus de domination éprouvent un sentiment de révolte lorsque, ayant sacrifié les signes de leur identité traditionnelle à l'illusion d'un progrès universel prochain, ellesconstatent qu'elles y ont perdu leur raison et leur manière d'être sans rien gagner en échange. C'est par ce mécanisme de boomerang que ZIEGLER (1990. 144 sq., 159 sq.) rend compte de réactions de violence en retour à l'origine, partielle au moins, du commerce de drogue ou de celui des armes(23).

Comment expliquer, autrement que par la revendication et l'affirmation d'une identité nationale menacée, les prises de pouvoir de mouvements "intégristes" islamiques, précédées ou accompagnées éventuellement de prises d'otages et d'actes terroristes ? Le refus d'une universalisation présentée au nom du progrès collectif, le refus d'un modèle occidental ou américain se profile toujours dans ces sursauts d'une identité nationale bafouée...

Les anthropologues savent que la perte d'identité constitue, pour une collectivité, le danger suprême. Cette identité est multiface : économique et politique, bien entendu, mais, tout aussi fondamentalement et plus intimement, culturelle et donc aussi linguistique (CASSEN. 1982. 533).

Au fond de nous-mêmes ne connaissons-nous pas, en toute certitude, l'importance que, nous aussi, nous attachons à ce qui nous identifie et nous diversifie ? Que préférons-nous, nous, Belges francophones, acheter, à prix égal et à qualité égale, un produit qui nous sera vendu et expliqué dans notre langue par un commerçant dont la conversation nous prouve tout l'attachement qu'il a de surcroît pour notre culture et pour notre région, ou, au contraire, d'effectuer cette transaction par l'intermédiaire d'un négociant "universel" dont la culture se borne aux habitudes de telle chaîne hôtelière dont la publicité assure qu'elle est garantie uniformisée et aseptisée et dont la langue, autre que la nôtre, nous prouve en quelle estime ce négociant nous tient et quel respect il a de nos personnes ? Répondre à cette question à notre propos n'est-ce pas aussi accepter le même type de réponse pour autrui ?

L'universalisation des relations internationales sera bénéfique si elle s'établit dans le respect et la dignité (retrouvée), elle sera une catastrophe, à côté de laquelle le danger atomique (actuellement moindre) apparaît comme mineur (LEVI-STRAUSS), si elle s'accompagne d'une uniformisation culturelle et linguistique.

Bibliographie :

ACTES... 1989 Actes du XVe colloque international de linguistique fonctionnelle. Moncton.
ACTES... 1990 Actes du XVIIe colloque internationale de linguistique fonctionnelle (à paraître).
ARDITTI. Catherine. 1981 Enseignement et monde du travail, dans Encycl. Univer., Universalia 1981, 228 - 230.
ATLAS... 1983 Atlas de l'humanité. Paris.
AURIAC. F. et BRUNET. R. éd. 1986 Espaces, lieux et enjeux. Paris.
BARTHES. Roland. 1978 Leçon inaugurale de la chaire de sémiologie littéraire du Collège de France. Paris.
BOURDIEU. Pierre. 1982 Ce que parler veut dire : l'économie des échanges linguistiques. Paris.
CASSEN. Bernard. 1982 L'impérialisme linguistique de l'anglais, dans GEZE, LACOSTE et al. éd. 531 - 533.
CHOTARD. Yvon. 1975 Langues et emploi, dans LANGUES... 81 - 87.
CORDELLIER et LAPAUTRE. éd. 1990 L'état du monde. Edition 1991. Paris.
CORNEVIN. Marianne. 1978 Histoire de l'Afrique contemporaine : de la deuxième guerre mondiale à nos jours. Paris.
COURTINE. Jean-Jacques. 1986 Anatomie d'une langue de bois, dans Autrement. n° 78. 185 - 191.
CRESSWELL. Robert. éd. 1975 Eléments d'ethnologie. t.2 : Six approches. Paris.
ENCYCLOPEDIA... 1988 Encyclopedia Universalis. Symposium. Les chiffres du monde. Paris.
FREMY. Dominique et Michèle. 1983 Quid 1984. Tout pour tous. Paris.
FREMY. Dominique et Michèle.éd 1990 Quid 1991. Paris.
GEZE. F.,LACOSTE.Y. et al. éd. 1982 L'état du monde. Edition 1982. Paris.
GEZE. F.,LACOSTE.Y. et al. éd. 1983 L'état du monde. Edition 1983. Paris.
GEZE. F.,LACOSTE.Y. et al. éd. 1984 L'état du monde. Edition 1984. Paris.
GODELIER. Maurice. 1975 Economie, dans CRESSWELL. éd. 80 - 131.
GRAZIOSI. Dante. 1975 Langues et relations économiques, dans LANGUES... 75 - 80.
GUERMOND. Y. et MATHIEU. N. 1986 De l'éclatement de l'espace à la recomposition de l'espace, dans AURIAC et BRUNET. éd. 203 - 219.
JUCQUOIS. Guy. 1987 De l'égocentrisme à l'ethnocentrisme. Louvain-la-Neuve.
JUCQUOIS. Guy. 1989 Le comparatisme. t.1 : Généalogie d'une méthode. Louvain-la-Neuve.
JUCQUOIS. Guy. 1990 Démocratie et économie : le prix de la diversité linguistique européenne, dans ACTES... (à paraître).
JUCQUOIS. Guy. 1991 La diversité linguistique européenne. Données politiques et économiques..., dans La linguistique. t.27.1. 29 - 58.
KASSAï. Georges. 1989 Linguistique et entreprise, dans ACTES... 257 - 259.
KONDRACHOV. N. A. éd. 1982 Lénine et les questions de langue. Moscou.
LANGUES... 1975 Langues et construction européenne. Actes du colloque international tenu à Paris les 6 - 8 déc.1974. Paris.

LAPIERRE. Jean-William. 1988 Le pouvoir politique et les langues. Paris.

LIPIETZ. Alain. 1986 L'industrialisation dans la périphérie : déploiement interrégional et..., dans AURIAC et BRUNET. éd. 239 - 248.

MATTELART. Armand. 1981 Culture nationale et interdépendance, dans Encycl. Univer., Universalia 1981, 131 - 137.

PRACHT. Louis. 1989 L'Europe en chiffres. Bruxelles - Luxembourg.

RESOLUTIONS... 1975 Résolutions du Colloque, dans LANGUES... 123 - 134.

ROSSI-LANDI. Ferruccio. 1974 Linguistics and Economics, dans SEBEOK. éd. 1787 - 2017.

SALES. Claude. 1981 Cadres, dans Encycl. Univer., Universalia 1981, 192 - 195.

SEBEOK. Thomas A. éd. 1974 Current Trends in Linguistics. t.12.3. La Haye - Paris.

ZIEGLER. Jean. 1990 La Suisse lave plus blanc. Paris.

Notes :

(*) "Pas de flamand, pas d'argent !". Mot d'ordre des flamingants dans leur lutte pour imposer le respect et l'usage de leur langue : les commerçants qui voulaient vendre en Flandre devaient apprendre à s'exprimer en flamand.

(1) Cette dissociation autorise de conjuguer de "bonnes paroles" à de "mauvaises actions", par exemple dans la cohabitation, chez une même personne, de discours généreux et philanthropiques concernant le Tiers-Monde et de pratiques boursières dont les conséquences peuvent s'avérer désastreuse pour ce même Tiers-Monde. Il est ainsi possible de combiner les satisfactions de la générosité et celles de gros revenus... !

A l'intérieur d'une société, le droit et la morale, sans doute davantage le premier que la seconde, ne visent-ils pas précisément, pour le droit, à présenter un discours qualifiant adéquatement des actions, des comportements ou des attitudes, et, pour la morale, de proposer des comportements et des actions conformes à un discours préexistant ?

(2) Contrairement à ce que de SAUSSURE semblait enseigner, à savoir que c'est la langue qui définit son espace, instituant ainsi une sorte de dynamique interne à la langue obéissant à sa logique propre (Cf. sur ce point BOURDIEU. 1982. 25 - 26).

(3) Ce qui est vrai pour les unilingues dominants, mais aussi pour les unilingues dominés !

(4) Depuis la Guerre d'indépendance, les Etats-Unis n'ont en fait jamais cessé de fonctionner comme une Etat centralisateur tant sur le plan juridique que sur celui de la langue.

(5) LENINE (Apud KONDRACHOV. éd. 1982. 103, *horresco referens* !) n'écrivait-il pas : "les grands de ce monde vivent en parfaite intelligence" ?!

(6) ROSSI-LANDI (1974. 1974 et n.73) en cite un exemple à situer dans le contexte de la guerre froide. Quelqu'un interroge un marin noir américain s'il se sentait "exploité". La réaction verbale fut immédiate puisque le marin demanda "You Communist ?" et s'en alla à la suite d'une réponse affirmative. Le seul terme d'exploitation, même adressé à quelqu'un qui l'était effectivement, évoquait immédiatement l'idée que l'interlocuteur était, lui, un communiste, c'est-à-dire quelqu'un à éviter.

En note ROSSI-LANDI fait remarquer l'absence de verbe dans la question. Or, cette manière de parler est caractéristique de l'américain adressé aux Indiens et exprime l'aliénation dans laquelle ces derniers sont censés vivre ; dans l'exemple, le marin perçoit son interlocuteur italien comme étant aliéné puisque communiste...!

(7) Le point est discutable de savoir si l'impersonnalisation des échanges augmente *ipso facto* l'uniformisation et l'aliénation. A en juger d'après les attitudes grégaires en matière d'apprentissage de langues étrangères, notamment au sein de la Communauté Européenne, ce serait bien le cas au moins dans cette question.

(8) Par exemple dans la littérature des récits de voyage, cf. ROSSI-LANDI. 1974. 1970.

(9) Cf. ROSSI-LANDI (1974. 1977 sq.). - Le recours à une langue étrangère peut s'expliquer par une revendication implicite de prestige. Inversement, on connaît les attitudes d'évitement de sujets patoisants devant des étrangers.

(10) Que cette américanisation soit due, comme le pense MATTELART (1981. 132), à un réflexe de défense devant l'expansion et le danger communistes après la seconde guerre mondiale, ou à un effet d'entraînement de l'expansion économique après le Plan Marshall ou à d'autres causes encore, importe peu ici.

(11) L'observation de l'évolution du milieu urbain rouennais de 1962 à 1975 (GUERMOND et MATHIEU. 1986. 208) révèle des changements significatifs dans les migrations quotidiennes de travail de cette zone. Ces changements vont dans le sens d'une homogénéisation de cet ensemble urbain.

(12) "On appelle *régime d'accumulation* un mode de réallocation systématique du produit régissant, sur une période prolongée, une certaine adéquation entre les transformations des conditions de la production et de la consommation" (LIPIETZ. 1988. 239).

(13) Des indications récentes, provenant des Etats-Unis et de la Communauté Européenne, font état d'un retour offensif des "littéraires" sur le marché de l'emploi où ils occupent

aujourd'hui des postes réservés, presque de droit, il y a quelques années encore, à des diplômés de science économique, de gestion, de marketing ou d'administration. La raison de ce changement serait à rechercher dans la formation plus générale et dans la souplesse plus grande des "littéraires".

(14) Allemagne de l'Ouest p.79, Belgique p.105, Espagne p.185, France p.204 sq., Italie p.268 sq., Royaume-Uni p.374 sq.

(15) Sans doute faut-il interpréter, dans l'enseignement secondaire public français, la présence relativement plus importante que dans le réseau libre d'autres langues que l'anglais à côté de ce dernier à une volonté des pouvoirs publics d'un enseignement plus diversifié des langues (Dans le même sens, les nouvelles mesures visant à un meilleur enseignement de l'allemand avec un enseignement continu de la 6e au bac dans toutes les villes de plus de 30.000 habitants, la suppression des seuils d'effectifs pour l'ouverture d'une section de langue vivante dans l'enseignement secondaire, le développement de l'enseignement du japonais, etc.). Le moindre succès d'autres langues que l'anglais peut s'expliquer soit par une absence de choix concrets possibles dans des écoles moins peuplées, soit par d'autres raisons.

Pour l'année scolaire 1988 - 1989, les données sont les suivantes :

	Enseign.public:	Enseign.Privé:
Anglais	3.777.346	1.060.101
Allemand	1.060.101	249.352
Espagnol	990.723	311.120
Italien	153.444	23.508
Russe	25.286	2.341
Portugais	13.008	224
Hébreu moderne	971	3.337
Chinois	2.013	427
Arabe littéral	9.597	521

L'enseignement libre du 2d degré représente, en France, près de 27 % des effectifs des élèves de l'enseignement public. A supposer qu'aucun autre facteur n'intervienne dans le choix des langues étrangères étudiées à l'école, les statistiques données ci-dessus devraient refléter les mêmes pourcentages. On voit que ce n'est pas vrai pour toutes les langues, mais seulement, en gros, pour l'anglais, l'allemand et l'espagnol. Le portugais et l'arabe littéral présentent un net déficit d'élèves de l'enseignement libre, tandis que c'est l'inverse pour l'hébreu moderne (vraisemblablement du fait de l'existence d'écoles confessionnelles juives où s'enseigne l'hébreu moderne).

(16) Cf. les chiffres, ci-dessus note (15), pour l'année scolaire 1988 - 1989. Si on compare, pour la France notamment (pays pour lequel les statistiques nous étaient immédiatement accessibles : LANGUES... 1975. 154, FREMY. éd. 1990. 1283), les données en pourcentages pour trois années scolaires, on constate l'augmentation du choix de l'anglais comme première langue étrangère au détriment des autres langues (pour l'année scolaire 1988 - 1989, les premiers pourcentages sont ceux de l'enseignement public, les seconds ceux de l'enseignement privé):

	1965 - 1966	1972 - 1973	1988 - 1989
anglais	80.28 %	82.66 %	84.8 % / 92.1 %
allemand	14.23 %	14.31 %	13.4 % / 7.4 %
espagnol	4.49 %	2.68 %	1.1 % / 0.5 %
italien	0.87 %	0.29 %	0.1 % / ?

(17) Rendant compte d'une enquête datant de 1962, SAMPSON (1970. 297 sq.) rapporte que 45 % des Hollandais parlent une langue étrangère contre seulement 15 % des Anglais et... 16 % des Belges !

(18) Les auteurs anglo-saxons concèdent souvent aux malheureux qui ne parlent pas l'anglais comme langue maternelle de pouvoir continuer à s'exprimer dans leur langue, même si

l'anglais sert d'unique langue de référence dans les contacts internationaux de toutes natures. Par exemple, SAMPSON (1970. 299 sq.) reconnaît volontiers que "la multiplication des langues n'est pas nécessairement un facteur de désagrégation pourvu que, comme au Moyen Age, il y ait aussi une langue commune qui soit considérée comme neutre". Il ajoute que "la combinaison de la neutralité (sic !) et ses liens avec les affaires et la technologie américaines semblent favoriser inévitablement l'anglais" (Op.cit. 300).

On notera, au passage, la référence au Moyen Age présenté comme uné période idéale en contradiction avec le passage qui précède de peu celui-ci où la diversité linguistique européenne est présentée comme moyenageuse et s'opposant au progrès ! On appréciera également la prétendue neutralité de l'anglais combinée aux liens entretenus avec le monde des affaires et de la technologie, toutes ces réalités industrielles et économiques étant, chacun le sait, parfaitement neutres...

(19) Cette hypothèse rejoint la constatation que le bilinguisme promotionnel n'est bien souvent qu'un bilinguisme d'aliénation. On sait, en effet, que, dans les pays de bilinguisme, la communauté parlant la langue dominante (qui n'est pas nécessairement celle du plus grand nombre !) reste unilingue et impose le bilinguisme à la communauté parlant la langue dominée. La position inégalitaire des deux communautés se déduit du fait que les bilingues dominés perçoivent des salaires ou des traitements d'environ 40 % de moins (Ex. du Québec) que ceux des unilingues dominants.

(20) Dans notre communication au "Congrès international sur l'enseignement des langues étrangères" (printemps 1991, Barcelone) dont le sujet sera "La diversité culturelle comme fondement des sociétés postindustrielles" et aussi dans notre contribution au volume collectif qui sera prochainement édité par Philippe BLANCHET ("Diversité Linguistique, Idéologie, et Pluralisme Démocratique", CILL, 1992) sur le thème "Les présupposés linguistiques et herméneutiques de la démocratie".

(21) L'uniformisation, comme idéologie, peut également s'exprimer dans une apparente diversité qui ne sera, dès lors, que de surface... Ainsi, le christianisme a-t-il fait de la traduction des Evangiles un impératif catégorique et cela afin que l'Esprit atteigne toutes les nations (Cf. JUCQUOIS. 1989. 60). L'histoire des traductions des textes sacrés, l'histoire des conciles et l'histoire de la dogmatique établissent, chacune à sa manière, que ces traductions n'ont été le plus souvent que de pure forme !

(22) Pour l'analyse de ce phénomène, cf. MATTELART (1981. 132), avec une insistance significative sur les transferts d'informations comme étant la clé des profits industriels et commerciaux futurs. Inutile de préciser que les informations s'expriment nécessairement dans un code linguistique dont le choix apparaît donc comme primordial...!

(23) On a montré ailleurs (JUCQUOIS. 1987. 46 sq.) comment la violence du dominant peut se retourner directement ou indirectement contre lui. Ainsi, de manière directe, l'immigration nord-africaine en France dans l'immédiate après-guerre suscita rapidement un racisme français. Celui-ci fut contrebalancé rapidement par une augmentation de la criminalité nord-africaine. On estimait, en 1965, que 40 % des prostituées françaises dépendaient de proxénètes Nord-Africains et que 80 % des jeunes femmes victimes de la traite des blanches étaient envoyées en pays arabes. Ce que les statistiques nous laissent entrevoir comme explication est confirmé, si besoin en était, par les déclarations de divers souteneurs explicitant leur besoin de vengeance sur des femmes françaises de la position de dominés qui est la leur.

D'une façon plus subtile encore la violence du dominant peut se retourner contre sa propre communauté. Ainsi, dans le contexte canadien, on a constaté que les personnes de langue française supportaient mieux que leurs homologues de langue anglaise une prise en charge par la communauté, suite à une maladie. La raison résiderait dans la honte ou la culpabilité qu'éprouveraient les membres de la communauté dominante à vivre une situation de dépendance qui établirait le caractère tout relatif de la supériorité collective à laquelle ils se rattachaient...

2

COULOQUI DE MAIANO PROUVENÇO
(Colloque de Maillane, Provence)

Dissate 28 d'óutobre de 1990

TIERO DEI CHARRAIRE COUNVIDA
(Liste des intervenants invités)

Presidènt d'ounour : Proufessour Carle Rostaing
UNIVERSITA SOURBONO-PARIS IV

Dins l'ordre qu'an parla / *Par ordre de prise de parole* :

-Glaude Mauron, Proufessour de prouvençau à l'Universita de Prouvènço, Carga de Messien à l'ensignamen dei lingo e culturo regiounalo pèr M. lou Reitour de l'Acadèmi de z'Ais-Marsiho, representant M. lou Reitour : "Conditions et situation actuelle de l'enseignement du provençal dans l'Académie"[1].
-David Dalby, Université de Londres & Directeur de l'Observatoire linguistique : "Nos langues et l'Unité de l'Europe"
-Felipe Blanchet, Secretàri Scientifi de l'Óusservatòri lenguisti :"Proublèmo e metodo de l'óusservacien dei lingo dins l'amiro dei poulitico lenguistico"
-Enri Moucadel, Carga de cous de lengo prouvençalo à la Facurta dei Letro d'Avignoun : "Estamen de l'ensignamen dóu prouvençau is l'Universita de Prouvènço"
-M. Jean-Luc Domenge, instituteur, dialectologue : "L'espace dialectal alpin"
-M. Tavo Burat, de Biella Vecchia (Piemount, Itàli), Secretàri territouriau de l'Assouciacien Internaciounalo pèr la Defènso di Lengo e Culturo Menaçado pèr

[1] Lei titre soun douna dins la lingo que la charradisso es estado facho, ce qu'a pas empacha lei charraire d'emplega tóuti lei douas lingo segoun leis moumen / *Les titres sont donnés dans la langue utilisée pour l'exposé, ce qui n'exclut pas l'emploi de l'autre langue à d'autres moments du colloque.*

l'Itàli : "La lengo piemounteso dins l'istòri dóu Piemount e fàci à l'Europo de vuei"
-Albert Rosso, proufessour de nissart : "Lou nissart" [en niçois]
-Michèu Courty, escrivan, Presidènt de l'Astrado Prouvençalo : "L'edicioun prouvençalo"
-Sergio Arneodo, Direitour dóu Cèntre Prouvençal de Sancto Lucìo de Coumboscuro (valèio prouvençalo dóu Piemount italian) : "Lou prouvençau d'Itàli sus li camin d'Europo"
-Roumié Venture, Presidènt dóu Cèntre Internaciounau de Recerco e d'Estùdi Prouvençau - "Lou Prouvençau à l'Escolo", Counservadou de la biblioutèco coumunalo de Sant Roumié, Proufessour de musico tradiciounalo au Counservatòri d'Arle : "Lou role dóu *Prouvençau à l'Escolo* dins la reneissènci dóu prouvençau après la segoundo guerro moundialo"
-Pèire Fabre, Sendi de la Mantenènço de Prouvènço dóu Felibrige[1] : "Lou Felibrige en Prouvènço, istòri d'uno pensado regiounalisto éuroupenco"
-Enri Feraud, Secretàri Generau de l'Unioun Prouvençalo : "Le provençal comme moyen de communication et la vie économique".

An tambèn partecipa : Louis Scotto, Presidènt-delega de l'Unioun Prouvençalo, Pèire Vouland, Carga de cous de prouvençau à l'Universita de Niço, Clemènt Desessart, autour de la metodo "assimil" de latin, Jean-Michel Rousset, proumoutour dóu latin moderne o "interlingua", Andriéu Resplandin, pouèto e proufessour de prouvençau, e Madamo lou Cònsou de Maiano.

A l'óucasioun dei coulòqui embessouna de Maiano e de Huy, Dono Cornillon, Cònsou de Maiano, a manda uno letro en prouvençau à Dono Anne-Marie Lizin, Cònsou de Huy e Secretàri d'Estat à l'Europo 92 dóu Gouvernamen Bèuge, qu'a respoundu en waloun. Aquéli letro s'atroboun dins leis *ate* de Huy.

A l'occasion des colloques jumelés de Maillane et de Huy, Madame Cornillon, Maire de Maillane, a adressé une lettre en provençal à Madame Anne-Marie Lizin, Maire de Huy et Secrétaire d'Etat à l'Europe 92 du Gouvernement Belge, qui lui a répondu en wallon. Ces lettres ont été publiées dans les actes *du colloque de Huy.*

---

[1] Pèire Fabre esta elegi Capoulié dóu Felibrige en 1992 / Pierre Fabre a été élu Président du Félibrige en 1992.

DICHO DE DONO CORNILLON
Cònsou de Maiano
(Allocution de Madame Cornillon, Maire de Maillane)[1]

"Sehr geehrti Dame und Herre
Es freut mich ganz bsunders hüt, Sie in Maillane, im Geburtsdorf vom gröschte provenzalische Dichter, Frédéric Mistral, empfange z'könne."

Voilà, Mesdames et Messieurs, comment je vous aurais souhaité la bienvenue si je m'étais exprimée dans ma langue maternelle, celle que j'ai entendue dès ma naissance dans la région de Zurich. C'est avec ses mots que j'ai appris à parler, que j'ai appréhendé le monde qui m'entourait, que j'ai découvert la culture de ma région. Ça ne s'oublie jamais.

Ce n'est qu'à l'âge de sept ans, lorsque je suis entrée à l'école primaire, que j'ai appris que ce langage n'était qu'un "dialecte" qui ne s'écrivait pas, ou phonétiquement pour s'amuser, et que l'on se devait d'écrire en allemand littéraire, c'est-à-dire la langue du pays voisin, une langue étrangère. J'avais trouvé ça très injuste parce que j'aimais mon "dialecte". Il me permettait de m'exprimer spontanément sans avoir à chercher mes mots et sa musique un peu rocailleuse - car nous roulons les r - chantait comme un torrent de nos montagnes.

Il a fallu pourtant se soumettre : j'ai appris l'allemand littéraire sur les bancs de mon école primaire comme tout le monde. Mais sitôt sorti de la classe, nous ne parlions que le schwitzerdütch, notre langue.

Cinq ans plus tard, je me suis trouvée confrontée au français, quand mon père ayant retrouvé sa ville natale, je fus scolarisée à Lausanne, francophone. J'ai vécu une expérience difficile mais enrichissante. Difficile car je me suis rendu compte à quel point notre langage et notre pensée sont imbriqués. Il ne suffit pas d'apprendre les mots et expressions d'une langue pour la parler facilement ; il faut arriver à *penser* dans cette langue. Je me souviens du moment où ce déclic a eu lieu, au bout de deux ans environ. Ce fut comme une effraction. J'ai pénétré dans une autre culture, très riche, la culture française, touffue et brillante. J'ai été séduite et j'ai fait mes études en français. Mais j'ai gardé précieusement une affection toute particulière pour ma langue maternelle, que je savoure encore comme une friandise chaque fois que je rencontre un compatriote.

Le premier texte que j'ai eu à déchiffrer quand j'ai fait mes études de français, et c'est curieux, fut un extrait des *Mémoires et Récits* de Frédéric Mistral, *La Fleur de Glais*. Je ne m'en suis souvenue que bien plus tard, en découvrant l'oeuvre du poète, car l'institutrice avait eu du mal à me faire prononcer correctement "fleur de glais". Et le texte m'avait laissé un souvenir

[1] Aquesto dicho estènt mita-francés, mita-prouvençau, es un autre biais de bilenguisme que fa pas besoun de douna de reviraduro / *Cette allocution étant moitié en français, moitié en provençal, il nous semble que cet autre type de bulinguisme se passe de traduction.*

mitigé et agacé. Cette coïncidence m'a semblé plus tard amusante puisque mes pas m'ont menée à Maillane, où j'ai retrouvé une situation comparable à celle que j'ai connue enfant : une région avec une identité forte et une culture très vaste et très ancienne, avec une langue riche mais longtemps méprisée. La seule différence, et elle est de taille, c'est que la Provence a eu Frédéric Mistral, qui a consacré sa longue vie, toute son œuvre et son génie à sauver ce patrimoine inestimable, et que l'impulsion qu'il a donnée a généré d'autres écrivains. Vous comprendrez que ma sympathie pour ce poète admirable fut immédiate et que son langage m'interessât beaucoup. C'est pour lui rendre hommage une fois de plus aujourd'hui que je terminerai mon allocution en provençal.

Se vous ai di moun esperiènço persounalo, es que gràci à-n-elo, sabe vuei coume soun impourtant li lengage, siegon o noun minouritàri, siegon poupulàri o literàri. Tóuti carrejon em'éli culturo e civilisacioun. Acò Mistral l'a di mai que d'un cop, e poulidamen, pèr eisèmple dins un de si dire recampa dins li *Discours e Dicho :*

Uno lengo es un clapas : es uno antico foundamento ounte chasque passant a tra sa pèço d'or o d'argènt o de couire ; es un mounumen inmènse ounte chasco famiho a carreja sa pèiro, ounte chasco ciéuta a basti soun pieloun, ounte uno raço entiero a travaia de cors e d'amo pendènt de cènt e de milo an.

Lou diguè encaro dins un pouèmo *I Troubaire Catalan* que s'atrobo dins *Lis Isclo d'Or :*

Intrepide gardian de noste parla gènt / Garden-lou franc e e pur e clar coume d'argènt / Car tout un pople aqui s'abéuro / Car de mourre-bourdoun qu'un pople toumbe esclau / Se tèn sa lengo tèn la clau / Que di cadeni lou deliéuro.

Vo ! Soun de clau, li lengo, que nous baion li tresor que ié disèn culturo, e soun la memòri vivo di pople. Li pres-fa de l'Óusservatòri Lenguisti, li tène pèr tras qu'interessant à l'ouro que vesèn l'Éuropo se metre en plaço. Vèn d'à poun de se demanda ço que nòsti diferènci de lengo e de culturo podon adurre à la coumunauta. Sarié d'en plen regretous que li richesso de chascun se veguèsson estoufado, rousigado, pèr l'universau nivèu. Au contre, fau que chasque pople posque adurre soun èime, sa culturo, valènt-à-dire posque apoundre e carreja sa pèiro à la nouvello coustrucioun. Acò se fara pas sènso que se respète mutualamen lis identita nostro. Es pleno d'aquelo espèr, Moussu lou Presidènt, e vàutri tóuti, qu'acabarai en vous gramaciant pèr la chausido qu'avès facho de veni teni vosto reünioun à Maiano, qu'es lou brès de la respelido prouvençalo.

Merci.

RENDU-COMTE DEI CHARRADISSO NOUN ESCRICHO

(Résumé des interventions non écrites)

Glaude MAURON
(Proufessour de prouvençau à l'Universita de Prouvènço, carga de messien pèr l'ensignamen dei lingo e culturo regiounalo pèr l'acadèmi de z'Ais-Marsiho, representant Moussu lou Reitour)

*[**Conditions et situation actuelle de l'enseignement du provençal dans l'Académie d'Aix-Marseille**[1] : 200 instituteurs, 80 professeurs du secondaire, cours dans les universités, soit environ 1200 élèves chaque année. 1500 candidats à l'épreuve de provençal du bac, chiffre en augmentation régulière (+50 % en trois ans). Enseignement voulu en interdisciplinarité par les textes officiels, notamment avec les autres langues romanes. Un projet de Licence de Lettres ou de Langue (romane) à mention provençal est à l'étude pour l'Université de Provence[2]. Débats : Le public propose d'accélerer le processus par un enseignement obligatoire à parité avec le français, ce qui est jugé peu réaliste, ou une initiation obligatoire comme cela se fait pour le latin en 5°. Des problèmes politiques et juridiques ont été abordés, comme la nécessité d'une loi ou d'un amendement constitutionnel reconnaissant les langues régionales, comme la prise en charge de cet enseignement par les collectivités locales et la Région au lieu de l'Etat. Celles-ci le font déjà beaucoup, mais en dehors du système scolaire pour des raisons juridiques.]*

Moussu Mauron a pinta l'estamen de l'ensignamen óuficiau dóu prouvençau dedins leis establimen de l'Educacien Naciounalo de l'Acadèmi de z'Ais-Marsiho[3] en 1990. A proumié rapela que si li ensignavo tambèn uno autro lingo regiounalo, lou còrsou, à la demando de famiho d'escoulan, estènt qu'à Marsiho rèstoun fouaço famiho corso. Pèr n'en resta au prouvençau, a douna quàuquei chifro : 100 ensignaire fan de cous de prouvençau dins leis escolo meirenalo pèr 3000 pichoun, 100 dins leis escolo primàri pèr 3000 pichoun, que siegue regulié o noun. Dins lou segoundàri, 80 proufessour ensignoun à 3000 escoulan dins 40 coulègi e 35 licèu au mens uno ouro pèr semano, segoun qu'es en oupcioun, en Lengo Vivo 2 o Lengo Vivo 3 (145 escoulan l'an pres en LV2 o LV3). S'ensigno tambèn dins leis Universita de z'Ais-Marsiho I e d'Avignoun. Pèr lou bacheleirat, a douna 'quéli chifro :

1980	900 escoulan
1982-84	1100 escoulan / an (counsequènci de la lèi Savary de 1982)

[1] Le provençal est aussi enseigné dans l'académie de Nice.

[2] Ce projet a été accepté et fonctionne depuis 1991.

[3] Lou prouvençau es ensigna tambèn dins l'acadèmi de Niço.

1985-86	1000 escoulan / an (counsequènci d'oupcioun enfourmatico)
1988	1350 escoulan
1989-90	1500 escoulan / an

Acò fai un crèis de quàsi lei 50 % en tres an, que s'atrobo èstre lou meiou de tóuti leis acadèmi d'O, e qu'a-n-éu soulet fai mounta la chifro pèr lou toutun dei lingo d'o, mentre que lei chifro s'arrèstoun o s'apichounissoun en d'àutreis acadèmi (coumo aquelo de Mount-Pelié). Es un signe de la bouano santa de l'ensignamen dóu prouvençau.

M. Mauron rapello que l'encastre amenistratiéu e legislatiéu a fouaço avança en gaire de tèms, estènt qu'avèn agu : la circulàri Savary de 1982 qu'ourganiso aquel ensignamen, la circulàri Savary de 1983 que douno d'entre-signe pèr que siegue fa coumo un coumplemen e noun coumo un councurrènt deis àutrei matèri (francés, istòri franceso etc.), lou tèste de 1984 que li douarbe l'estatut de LV2 o LV3 dins lei seicien A2 em'A3 dei Licèu, valènt-à-dire lei bacheleirat de lingo e dounco en coumplemen de l'ensignamen dei lingo, lei prougramo pèr lei licèu de 1988 que soun esta aceta pèr tóuti lei gènt qu'an soun mot à dire aqui dessus justamen pèr encauso de sa duberturo vers leis àutrei matèri. Aquéli prougramo, se regardas pèr lou prouvençau, si vis que leis obro e leis autour prepausa óublijoun quasimen leis ensignaire à s'entreva d'àutrei lingo e d'àutrei culturo, pèr eisèmple à respèt dei mouvamen literàri. D'aiours l'a pèr lou mens la mita deis ensignaire de prouvençau que soun tambèn de proufessour de lingo roumano, e tóuti an peréu uno autro especialita (an tóuti un diplomo de prouvençau pèr pousqué l'ensigna).

Pèr acaba, M. Mauron esplico que l'Universita de Prouvènço a mes en proumié dins lou pache qu'es en trin de faire emé l'Estat la creacien d'uno Licènço de Letro Mouderno, o d'Italian, d'Espagnòu, de Pourtugués, emé la mencien "prouvençau" coumo acò si fa ja pèr la mencien "francés lengo fourestiero"[1]. Après acò, fourra pensa à 'no mestreso pariero. Mai es ja poussible de faire uno mestreso sus un sujèt prouvençau souto un titre diferènt (en letro o en espagnòu, pèr eisèmple).

Lou mounde an pauva de questien : Perqué pas assaja de faire vouta uno lèi de recounouissènço dei lingo regiounalo e metre lou prouvençau óubligatòri ? Perqué pas, ce que sarié mens dificile, demanda qu'uno iniciacien au prouvençau siegue óubligatòri coumo si fa deja pèr lou latin e lou grègou en 5° ? Perqué pas óuteni un estatut particulié pèr lei lingo regiounalo que lei levarié de la councurrènci emé lei gràndei lingo, e permetrié de lei fa passa pèr l'ensignamen souto la respounsableta dei couleiteveta loucalo e de la Regioun ? L. Scotto e J-L. Domenge an esplica coumo fòu vèire lou prouvençau au mitan deis àutrei lingo, e pas si regarda l'embourìgou, ce qu'anavo dins la draio dei maiun lenguisti prepausa pèr l'óusservatòri lenguisti[2]. M. Mauron a respoundu que tout acò pauvavo de proublèmo teini juridi e pouliti qu'èroun bèn coumplica e que foulié pas crèire qu'èro tant simplas qu'acò de fa passa 'no lèi (lou Counsèu coustituciounau la pòu restanca, e fòu dounco chanja la coustitucien). Lei

---

[1] Aquèstou proujèt es esta aceta e marcho dempuei 1991.

[2] Vèire charradisso de David Dalby e Felipe Blanchet.

couleitiveta territourialo an pas lou dre, pèr aro, de si mescla dei prougramo e dei cous ; fan d'obro emé leis assouciacien en defouaro dóu sistèmo d'educacien naciounalo. E puèi saupre se lei gènt sarien d'acouàrdi, e qu pagarié ? Pèr aro, a clava en diant que lou pu realisto es d'assaja d'esplecha lei poussibleta dounado pèr lou sistèmo de voulounta qu'avèn e de counvincre lou mounde de fa marca sei pichoun ei cous de prouvençau, mume s'es pas facile de li fa reagi contro tóuti leis empacho que cènt cinquanto an d'escolo anti-patouas li a mes dins la tèsto.

Enri MOUCADEL

(Carga de cous de prouvençau à l'Universita d'Avignoun)

*[**L'enseignement du provençal dans les Universités de l'Académie d'Aix-Marseille**[1] : Environ 100 étudiants par année à Aix et autant à Avignon, choisissent le provençal en option dans un cursus de lettres ou langues. A Avignon, la majorité suivent des études d'anglais, et étudient également une autre langue romane. Plus de 80 % sont à peu près débutants : la première année donne les bases, la deuxième est consacrée à une oeuvre littéraire et à une initiation à la recherche. S'y ajoutent environ 25 étudiants par an à Avignon (un peu plus à Aix) qui préparent un diplôme de provençal en 3 ans pour pouvoir l'enseigner. Autrefois surtout enseignants d'autres disciplines en poste, le public est aujourd'hui plutôt composé d'étudiants, bon signe de recrutement. L'interdisciplinarité provençal / autres langues romanes est assurée par une Licence à mention provençal, des sujets de maîtrise, DEA, Doctorat envisageant le provençal à partir d'autres dominantes.]*

Moussu Moucadel a douna d'esplico coumo marcho l'ensignamen dóu prouvençau mouderne dins lei douas universita de l'acadèmi de z'Ais-Marsiho, valènt-à-dire l'Universita de Prouvènço (z'Ais) emai Avignoun. Lou prouvençau mouderne es ensigna tambèn dins leis Universita de l'acadèmi de Niço (Touloun e Niço), à la Sourbono em'ei païs fourestié. L'a pau plus mens 100 estudiant de DEUG que chausissoun lou prouvençau coumo unita de valour coumplementàri en Avignoun e parié à z'Ais, chasco annado. La proumiero annado, fan lou nivèu proumié, valènt-à-dire que li dounoun lei baso e que fan un pau de dialeitoulougìo. Mai de 80 % an jamai estudia lou prouvençau avans. Au nivèu segound, s'estùdio la lingo em'uno obro literàri, e si fa un pau de recerco. En Avignoun, aquéleis estudiant fan un DEUG de :

anglés	60 %
letro mouderno	30 %
italian, espagnòu	8 %

Lei 62 % estùdioun uno autro lingo roumano :

espagnòu	25 %
italian	15 %
latin	15 %
roumanesc	5 %

[1] Le provençal moderne est aussi enseigné dans les Universités de Toulon et de Nice (Académie de Nice), ainsi qu'à la Sorbonne (Paris-IV), et dans plusieurs universités étrangères.

pourtugués 2 %

Aquèstei chifro mouastroun quant leis estùdi de prouvençau soun mes en raport emé d'àutrei lingo, majamen roumano.

En mai d'acò, si pòu alesti un "Diplomo d'Estùdi Prouvençau" dins lei douas universita. Aquéu diplomo, que si fa en tres an, permete puèi d'ensigna la lingo. Es demanda pèr lou reitourat ei candidat à-n-aquel ensignamen. Aqui segu que fòu ja counouisse bèn la lingo. En Avignoun, soun un vintenau cade an, e un pau mai à z'Ais. L'a quàuqueis annado, èroun quàsi tóuti de proufessour d'uno autro matèri, ja en poste, que voulien ensigna lou prouvençau. A l'ouro d'aro, es pulèu d'estudiant, valènt-à-dire de gènt jouèine que pensoun au prouvençau pèr soun aveni de mestié. Es un bouon signe pèr l'ensignamen dóu prouvençau.

Pèr clava, M. Moucadel a ramenta la Licènci à mencien prouvençau, e la poussibleta de faire de recerco (mestreso, DEA, tèsi) emé de sujèt à chivau entre la matèri principalo óuficialo e lou prouvençau (pèr eisèmple un memòri d'espagnòu sus lou mite de Don Quichoto dins la literaturo prouvençalo). A z'Ais, lei proufessour Mauron e Bouvier dounoun 'no fourmacien de DEA que lou titre n'es "Lingo e culturo de l'uba de la mieterrano" (valènt-à-dire lou mié-ciéucle rouman, prouvençau coumpres) qu'es marca dins l'encastre dei proujèt "Erasmus" e "Lingua" de l'Éuropo.

Roumié VENTURE

(Presidènt dóu "Prouvençau à l'Escolo",
Counservadou de la biblioutèco coumunalo de Sant Roumié,
Proufessour de musico tradiciounalo au Counservatòri d'Arle)

*[**Le rôle de l'association "Lou Prouvençau à l'Escolo" dans la renaissance provençale après 1945** : Rémi Venture dresse un historique pour situer l'action du "Provençal à l'école". L'identité provençale actuelle s'est constituée autour du XVIIIè siècle, sur les réalités provençales précédentes. La conscience linguistique date du XIXè siècle. Les mouvements régionalistes du XIXè ne mobilisèrent pas beaucoup leurs efforts pour l'enseignement concret de la langue. Le travail effectué fut l'oeuvre d'individus. Si les civilisations traditionnelles meurent après 1914, ce n'est qu'après 1945 que les identités régionales sont réellement en recul. Un élu local, professeur de critique littéraire à la réputation internationale, Charles Mauron, et un instituteur de St Rémy, Camille Dourguin, créent alors "Lou Prouvençau à l'Escolo", en 1946. Le soutien de la population de St Rémy et du Conseil Général des Bouches-du-Rhône permit rapidement l'enseignement du provençal aux élèves instituteurs à Aix et le démarrage de l'association. Celle-ci continue aujourd'hui à produire et diffuser toutes sortes d'outils pédagogiques, à organiser des stages de formation d'enseignants. Cependant, la situation a changé : la langue est beaucoup moins connue des enfants qu'en 1945 et certaines zones sont plus déprovençalisées que St Rémy. D'où des besoins pédagogiques nouveaux.]*

Roumié Venture plaço la creacien dóu "prouvençau à l'Escolo" dins un encastre istouri. La Prouvènço, caire-fourc de mant un camin, a toujou counouissu lou passàgi de gènt vengu d'en pertout qu'an adu sa pèiro e basti la civilisacien prouvençalo. L'èime prouvençau mouderne s'es coustituï à l'entour dóu siècle XVIII. La counsciènci lenguistico prouvençalo a pres soun envanc au siècle XIX. Li mouvamen regiounalisto dóu siècle XIX, coumo lou Felibrige, travaièroun gaire pèr l'ensignamen dóu prouvençau dins la vido vidanto, n'en restèroun ei proublèmo dei gràndei decisien de princìpi. L'a agu d'obro dins aquéu doumèni, mai es de persouno e noun d'ourganisme óuficiau que la fèroun (coumo lou Paire Savinian). Après la guerro de 1914, es la fin dei civilisacien tradiciounalo. L'escolo óubligatòri en francés abrivè d'acien pèr lei lingo regiounalo, mai es soulamen après 1945 que l'èime regiounau, e lei lingo rgiounalo, coumencèroun de s'anequeri. Es just e just à-n-aquéu moumen, en 1945-46, que si parlavo encaro fouaço prouvençau, qu'un istitutour maianen en poste à l'escolo de Sant Roumié assajè d'aprene à liegi lou prouvençau en de pichoun que pèr la majo part d'entre élei sabien lou prouvençau. Tout lou mounde n'en siguè countènt. Emé lou cònsou de Sant Roumié, Carle Mauron, tambèn elegi au Counsèu Generau dei bouco-dóu-Rose, proufessour fouaço counouissu dins lou mounde pèr soun travai de recerco en sicò-critico literàri, aquel istitutour, Camiho Dourguin, foundè l'assouciacien "Lou Prouvençau à l'Escolo". Carle Mauron fè vouta au Counsèu Generau uno suvencien pèr ensigna lou prouvençau dins leis escolo nourmalo de z'Ais. Pèr lou proumié còup, lei mèstre d'escolo aprenien lou prouvençau à luego de li fa la coucho. Lou proumié estàgi pèr leis ensignaire de prouvençau si fè à la fin de 1946. A la debuto, lou travai èro artisanau, mai prenguè lèu de forço. La lèi Deixonne de 1951 baiè un encastre juridi pèr aquel ensignamen, aro permes, e lou proumié libre d'ensignamen dóu prouvençau pareissè en 1952. Li avien mes simplamen "Lou prouvençau à l'escolo". A l'ouro d'aro, aquesto assouciacien countùnio soun obro en publicant fouaço óutis pedagougi em'en ourganisant d'estàgi pèr la fourmacien dei proufessour de prouvençau. Mai la situacien a chanja : fòu aro souvèntei-còup ensigna la lingo en de pichoun que n'en saboun pas grand cavo. Acò demando uno asatacien dei óutis pedagougi e de la fourmacien deis ensignaire.

Pèire FABRE

(Sendi de la Mantenènço de Prouvènço dóu Felibrige[1], istitutour)

*[**Le Félibrige et la pensée régionaliste européenne** : P. Fabre a présenté le Félibrige, premier mouvement de défense des langues et cultures régionales en Europe, fondé en 1854, comme une fédération philosophique d'efforts individuels. Il a rappelé les prises de position du Félibrige quant à ces problèmes et aux décisions des Etats depuis sa création. Né au coeur du mouvement des consciences nationales en Europe au XIXè (qui aboutit à la création d'états indépendants comme l'Italie ou la Hongrie), le Félibrige et Frédéric Mistral ont toujours eu des liens avec toutes les ethnies de la Méditerranée et d'Europe, donnant l'exemple avant-coureur d'une Europe de la diversité, solidaire dans le respect de chacun, et ouverte à tous les peuples.]*

Pèire Fabre a presenta lou Felibrige coumo uno federacien filousoufico d'esperfors individuau. Racountè coumo lou Felibrige avié pres pousicien raport à tóuti aquéli proublèmo e raport ei poulitico deis Estat (pèr eisèmple toucant lei reformo de l'Educacien Naciounalo). Lou presentè tambèn coumo lou faro pèr lei lingo d'Éuropo, estènt qu'es lou proumié mouvamen que siguè founda pèr apara lei lingo regiounalo en 1854. Es neissu dins l'encastre dei preso de counsciènci

[1] Pèire Fabre es esta elegi Capoulié dóu Felibrige en 1992 / *Pierre Fabre a été élu Président du Félibrige en 1992.*

naciounalo en Éuropo au siècle XIX, qu'aguè pèr resurto majo la creacien d'estat independènt coumo l'Itàli o l'Oungrìo. Mistral e lou Felibrige avien de liame, que countunioun, emé tóuti leis etnìo de la Mieterrano e dÉuropo. Lou Felibrige a puèi douna l'eisèmple avans-courrèire d'uno Éuropo de la diverseta, soulidàri e respetouso deis èime particulié, duberto en tóuti lei pople. Pèire Fabre souveto que lou Felibrige countunie de douna la man à l'espandimen d'aquelo idèio.

L'ESPACE DIALECTAL ALPIN

Jean-Luc DOMENGE
Instituteur, dialectologue
Draguignan

Resumit : *Lou mounde aupen es pas un mounde barra, coumo si dis. Au contro, lei gènt li an toujou coumunica entre élei. Lei parla aupen d'o, souvèntei-fes nouma "gavouot", an uno unita founso, e fan partido d'un ensèmble lenguisti que s'espandisse dóu Lemousin au Piemount. Lei parla aupen patissoun de dous councurènt serious : un parla loucau fouart à coustat d'élei (prouvençau de la baisso au miejou, piemountés de la plano en Itàli) em' uno lingo óuficialo (francés o italian). Lei gènt deis Aup an gaire de counsciènci d'uno identita "aupenco", "gavouoto", o de l'unita de sei parla. Un pau d'en pertout si dien "gavouot" sènso saupre qu'un pau pu luen li a d'àutrei gènt que si va dien tambèn. La counsciènci d'èstre Prouvençau en Gavoutino de Prouvènço es coumplicado e gaire seguro. En Itàli, an màncou pas de noum pèr soun parla. Lei parla aupen soun bèn mai pròchi dóu prouvençau que deis àutrei parla autour d'élei : es poussible de si coumprene eisa emé lou prouvençau, gaire emé lou rèsto. L'a toujou agu de gros escàmbi d'ome e de lingo entre la Prouvènço Basso e la Nauto-Prouvènço : es gaire poussible de dire mounte s'arrèsto lou prouvençau e mounte coumènço lou gavouot. De mai en mai, lou gavouot si fa manja pèr lou prouvençau : lei jouèine parloun aro un gavouot proun aprouvençali. Liga en uno civilisacien de païsan qu'es à mand de disparèisse, lei parla aupen van pas bèn, mume en Itàli que li soun bèn mai viéu qu'en Franço. Soun avenidou s'atrobo bessai dins sa pousicien à chivau sus lei frountiero e la capableta deis Aupen de parla mant uno lingo, coumo v'an sèmpre fa.*

Bien qu'on considère souvent les vallées des Alpes du Sud comme un monde très fermé, l'étude des parlers "gavots" démontre le contraire ; ce ne sont pas les montagnes qui forment les barrières, car les rencontres et les communications se firent toujours jadis par les cols et les pâturages... les fonds des vallées étant en général vérouillés par des gorges pofondes. C'est tout récemment avec l'ouverture vers le bas des vallées et l'exode rural qui en a suivi qu'elles ont appris à se tourner le dos et à oublier leurs anciennes relations.

Une unité foncière

Les parlers alpins de langue d'Oc appartiennent à un ensemble dialectal assez vaste, du Limousin à la plaine du Pô, ensemble dont ils constituent l'aile orientale à l'intérieur du dialecte vivaro-alpin ou alpin.

Entre Le Puy et la plaine du Pô (Ardèche, Drôme, Sud de l'Isère, Hautes-Alpes, Nord des Alpes-de-Haute-Provence, Nord des Alpes-Maritimes, une quinzaine de vallées des provinces de Cuneo et de Turin) nous trouvons des parlers ayant des caractéristiques communes dont les plus importantes sont la palatalisation de [ka, ga] (passage à *cha, ja* [tʃa, dʒa] de ce qui est resté plus au sud *ca, ga* et la chute de certaines consonnes entre deux voyelles :

journado / journaio, journau, journà
madur / mavur, mahur, mouoir, mèi, mèur
fedo / feho, fié, fiò, feio

Le vivaro-alpin, que nous appellerons "alpin" plutôt que "gavot", trop connoté, est donc avec le limousin et l'auvergnat un des trois grands dialectes de la zone nord des pays d'oc.

Les parlers alpins présentent entre eux, au delà des différences locales (car l'éparpillement dialectal est très grand), soulignées par la conscience des locuteurs et surestimées par eux, des convergences phonologiques, morphosyntaxiques ou lexicales qui permettent de poser l'existence d'un parler alpin marqué par certains isoglosses qui sur le terrain se regroupent en réseaux.

Une double minoration

Les parlers alpins si méconnus sont les parents pauvres de tous les parlers provençaux. Cela est dû à plus d'une raison dont la principale est la marginalité géographique de ce Nord-Est de la région Provence-Alpes-Côte d'Azur perdu dans ses montagnes.

Cette marginalité a été renforcée par l'absence jusqu'à une date récente de toute expression écrite littéraire ou non, malgré l'existence antérieure d'une littérature plus que modeste.

En outre, les populations concernées n'ont toujours pas conscience d'appartenir à un ensemble linguistique déterminé ; dans les Alpes de Haute-Provence, on continue à se dire "bas-alpin" et on déclarera "être gavot", parler "gavot" presque partout. On ne parlera de Provence que pour *lei bèu païs* ! A Castellane, quand nous arrivons de Draguignan, on nous dit : *Tè, vaqui lei Prouvençau ! Que tèms fa en Prouvènço ?*

Il y aurait ici une étude à faire sur le sentiment de "provençalité" des montagnards : où commence-t-on vraiment à se sentir "provençal" ?

Il en est de même avec le qualificatif "gavot" déjà amplement étudié : on trouve toujours plus gavot que soi... Dans les Hautes-Alpes, le Haut-Comté de Nice, on se revendique aussi comme des *gavouots* mais sans savoir jusqu'où cela va.

Quant aux vallées du Piémont, l'aliénation a été telle qu'on n'a même pas de mot pour désigner la langue. Le mot "patois" n'existant pas en Italie, les gens disent *lou noste dialete* et le plus souvent *Parlèn nosto modo* ! En Val Mairo on entendra plutôt *Parlèn chapuèi-chabal* , façon imagée de dire qu'on ne parle pas le piémontais qui emploie *lassù - lagiù* (en haut - en bas).

A cela il faut ajouter le poids dans les consciences et cela depuis fort longtemps de la Norme, représentée par les parlers de la plaine, conçus comme le modèle du "beau parler" et le point de comparaison obligatoire. La *baisso,* la *plano,* est pour le Gavot *lou bèu païs ounte tout fai fèsto e tout ié ris...* comme dit le rigaudon populaire.

Il faut tenir compte donc du double préjugé du Gavot par rapport à la langue officielle (le français ou l'italien) et par rapport au dialecte voisin dominant (le provençal ou le piémontais). Cela explique d'ailleurs que les parlers alpins aient été longtemps considérés comme de simples variantes aberrantes du provençal.

Il y a bien sûr entre l'alpin et les autres groupes dialectaux (auvergnat à l'ouest, provençal au sud, piémontais à l'est, franco-provençal au nord) des transitions inévitables. Enfin le dialecte évolue sous l'influence justement de ces voisins, essentiellement le piémontais et le provençal, au risque d'ailleurs d'être "mangé" par eux.

Provençal et alpin

Si on compare l'alpin au provençal ou au nissart on peut dire qu'il partage avec eux un fond de structures communes. L'intercompréhension qui n'est pas évidente, ni avec le piémontais, ni avec le franco-provençal, ni avec l'auvergnat, existe avec les parlers du sud.

Si l'on s'en tient à l'étude d'un exemple, celui de la palatalisation de k + a est très significatif de l'interprénétration des parlers provençaux et alpins dans les "zones de contact" et de la relativité des isoglosses.

La limite de la palatalisation est connue. En gros, on peut dire qu'on palatalise ka au nord d'une ligne allant de Pont St Esprit à Valréas, Sault, Lure, Volonne, Mézel, Digne, Barrême, St André, Annot, Guillaume, St Sauveur. Il y a sans cesse des variations : ainsi de nombreux mots en ka montent au nord et l'on dit *causa, carreta, cadiera* à Bercelonnette. Au sud, au contraire, des formes palatalisées pourront se retrouver très bas, jusqu'en pays d'Arles : *chaucha, jarbelo, chàmbri*. Des formes comme *chaussié, chabrian* au nord du Vaucluse ou du Var (où le ka est aujourd'hui de règle) peuvent être des archaïsmes rappelant qu'au Moyen-âge ces zones parlaient l'alpin (Plan de Canjuers, vallée du Var, par ex.). On ne peut donc pas parler d'une "frontière" linguistique bien nette entre alpin et provençal.

En dehors de l'évolution la plus évidente qui est la "mort" du parler des Alpes, on peut noter des mouvements d'évolution de notre dialecte. Le principe de base est simple : l'alpin évolue en fonction de la pression exercée par les parlers voisins, provençal au sud, et piémontais à l'est. Cette pression renvoie à une réalité économique et sociale. Le provençal et le piémontais sont depuis toujours les langues parlées sur les foirails des Alpes, langues des liens économiques, parlers "distingués" de zones considérées comme plus riches et civilisées. L'introduction dans l'alpin de traits provençaux et piémontais correspond ainsi à l'ambition de parler mieux. En tenant compte du mépris souverain que les gens ont toujours envers les *gavouots* ou *i vitoun*. Léon de Berluc-Pérussis n'écrivait-il pas déjà voilà plus d'un siècle : "Le chuintement (...) est aujourd'hui disparu à Forcalquier, le peuple le regardant comme un signe grossier propre au langage montagnard (...) On constate partout [qu'il] est refoulé vers la région la plus montagneuse, et abandonné dans le plat pays. C'est le signe dialectal dont rougissent le plus, en arrivant à Marseille, les Alpins qui vont s'y établir."

Le phénomène trouve en fait ses sources loin dans le passé puisque déjà au XIVè siècle des textes d'archives de Sisteron nous montrent un mélange du parler local et du parler méridional. Nous avons dit que des traits alpins pouvaient s'observer aujourd'hui encore en dessous de la limite assignée à l'alpin (ex.: *lou chai, la fié, la journau* à Roquesteron, ou toponymes *Chamai, Sauvachano* sur le Plan de Canjuers). Ainsi nous pouvons dire qu'autrefois tout le sud des "Basses-Alpes" était alpin et que le changement de parler s'est fait, selon les endroits, entre la fin du XV^{è} siècle et le début de ce siècle. Et il sa fait encore. Ainsi à La Palud de Castellane, les "vieux" disent *fai chaut, anan larja lei fiés* et les jeunes *fai cau(d), anan larga lei fedo*. Mon grand-père pouvait parler en "varois" ou en "gavot" selon l'humeur ou l'interlocuteur. Il s'agit presque ici d'un bilinguisme conscient ou inconscient, la langue étant prise entre la norme française et la norme bas-provençale à l'exclusion de toute norme locale. Dans les Alpes-Maritimes aussi, le nissart remonte inexorablement et depuis plus de cinquante ans dans le fond des vallées, épargnant encore les villages perchés qui gardent intacte une langue alpine très pure (ex.: opposition Belvédère / Roquebilière, Roubion / St Sauveur). Dans les vallées piémontaises, c'est la même chose : la langue d'oc recule dans les basses et moyennes vallées, remplacées par un piémontais rural de transition qui s'infiltre en plus dans le dialecte d'oc lui-même (*coun* remplace *abou, sourello, fratel, fountano, cant, cà, fioucar* remplacent les mots d'oc *sorre, fraire, fount, caire, meisoun, charamaiar*).

Il y a ici de toute façon bilinguisme (plutôt quadrilinguisme) obligatoire : *nosto modo* étant le parler de la ruralité, le piémontais celui du commerce, de la bourgade ; l'italien est le parler de l'Etat, de l'école[1], des mass-média, de la ville ; le français est le parler de l'émigration...

La situation du "gavot" aujourd'hui

En conclusion, l'espace alpin d'oc n'est pas statique, il est en évolution continuelle, en dialectique avec les autres formes linguistiques qui sont à son contact.

Jusqu'à présent ce contact lui a été peu bénéfique : langue doublement minorisée par rapport au provençal ou au piémontais, mais aussi par rapport aux langues officielles français et italien, elle s'est altérée ou pire a tout simplement disparu.

Aujourd'hui, la situation du "gavot" en France est assez mauvaise. Dans les Alpes, comme presque partout ailleurs, les parlers locaux sont un phénomène rural. Or, le monde rural se meurt ! De surcroît, la survie du dialecte est fonction de l'isolement : ainsi une forte proportion des hommes de Caillac (les femmes abandonnent le dialecte avant les hommes) de 40 à 80 ans parle le queyrassenc alors qu'il est difficile de trouver des patoisants à St Véran. Le parler local n'est plus l'instrument de communication général et nécessaire qu'il a été. Limité à certains secteurs de la vie sociale (vie familiale, conversations amicales entre voisins, chasse...), exclu de la vie administrative et des relations avec tout ce qui extérieur à la commune, le dialecte est devenu le parler de l'affectivité, de la complicité.

---

[1] Le parlement italien a voté en 1991 uno loi instituant l'enseignement obligatoire du "provençal" dans les écoles maternelles et primaires des communes où au moins 15 % de la population parlent cette langue. L'enseignement est optionnel dans le secondaire. [Ph.B.]

Il tend aussi à être la spécialité des "vieux"... mais peut-être moins qu'en Provence cependant. En tout cas, la tendance des plus jeunes est sans doute à une "provençalisation" croissante du gavot.

La situation du côté italien est un peu moins mauvaise (deux générations de décalage par rapport à nous), mais il ne faut pas se faire d'illusion : le dépeuplement, la fin d'une société autarcique rurale de montagne, la concurrence avec le piémontais, l'italien, tout cela menace gravement de parler d'oc des vallées de Cuni et Turin.

Les atouts pour le futur résident essentiellement dans la position interfrontalière stratégique[1] des régions où est parlé le dialecte alpin et dans la facilité d'apprentissage des langues des populations autochtones presque toutes trilingues ou quadrilingues.

Bibliographie

Philippe Martel "l'espandi dialectau occitan aupenc : assag de descripcion" in *Novel Temp, Cartular dal Solestrelh,* n° 21, 1983, pp. 4-36.

---

[1] Un accord de coopération transfrontalière est proposé entre les régions Provence et Piémont à l'initiative des mouvements provençaux (Unioun Prouvençalo). [Ph.B.]

LA LENGO PIEMOUNTESO DINS L'ISTÒRI DÓU PIEMOUNT E FÀCI À L'ÉUROPO DE VUEI

Tavo BURAT
Secretàri territouriau de l'Assouciacien Internaciounalo pèr la Defènso di Lengo e Culturo Menaçado pèr l'Itàli
(Biella Vecchia, Piemount)[1]

Résumé : *Tavo Burat montre que dès Dante l'identification du piémontais comme langue distincte à l'intérieur des idiomes du nord de l'Italie est posée. Les premières attestations du piémontais comme langue institutionnelle remontent au douzième siècle. Mais très vite le piémontais fut concurrencé par le français et par l'italien, deux langues jouissant d'un statut social très élevé, entre lesquelles il se situe aussi bien géographiquement et politiquement que linguistiquement. Elles deviennent les deux langues officielles des Etats de Piémont-Sardaigne (français en Savoie, français et italien à Nice, français à Aoste, italien ailleurs). Le français devient la langue officielle du Val d'Aoste au seizième siècle. Le provençal est remplacé par le français dans le culte réformé à la même époque (vallées vaudoises). L'allemand était employé dans le culte dans quelques villages dits "Walser". Mais toute une chaîne d'idiomes romans allant du piémontais au franco-provençal et au provençal en passant par le nissart, et le sarde, étaient parlés. Un débat sur le choix du piémontais comme langue nationale anima le pays jusqu'au dix-neuvième siècle. Ce débat s'inquiétait de plus du statut de cet idiome : dialecte du français, de l'italien ? langue à part ? L'affirmation de l'identité piémontaise s'affaiblit avec la lutte pour la création de l'Italie. Le piémontais fut bientôt considéré comme un "dialecte" (vulgaire) de l'italien. Et si l'on réintroduisit les langues régionales d'Italie dans l'enseignement assez rapidement au début du vingtième sècle, le fascisme fit tout pour les écraser. La résistance, justement, se fit notamment en "dialectes". Après la 2è guerre mondiale, le "miracle économique" et la modernisation rapide de l'Italie ont fait reculer les langues régionales, aujourd'hui menacées mais très vivantes. Tavo Burat conclut en insistant sur l'interêt éthique de la vie des langues locales, tout en montrant combien elles facilitent les commuications et l'apprentissage des langues.*

Quand l'italian sourtié dóu nis, dins lou Piemount se parlavo uno lengo sorre, pèr-ço-qu'ensertado sus la souco latino, mai diferènto. Es lou paire Dante que lou dis. Vaqui si paraulo : "Pamens, desirous de pausa lou crevèu pèr lèu vèire ço que rèsto, de bon verai dise que Trento, Turin e Aleissandro soun de vilo talamen plaçado i counfin d'Itàli, qu'es pas poussible qu'agon de lengo puro ; pèracò, meme s'avien qu'aquéu vulgàri qu'es forço laid, auriéu de que nega, pèr la mescladuro emé lis estrangié, qu'acò siguèsse d'italian"[2].

[1] M. Tavo Burat, Piémontais de langue piémontaise, a rédigé son texte en provençal [Ph. B.].
[2] *De Vulgari Eloquentia,* 1, XV, 8.

D'aquéu tèms, à Trento, se parlavo lou *slambròt* vo *slàpper*, un parla alemand qu'èro encaro parla i porto de la vilo jusqu'au siècle XVIII ; d'Aleissandro fin qu'à Turin - e vesès que li counfin di terro dóu Piemount soun bèn atermina, de levant à pounènt - se parlavo pas l'italian. Pèr nautre, acò's un diplomo à encadra e à moustra à li que s'embabourinon à vèire dins la *lengo* piemounteso un *dialèite* de l'italian.

Dante a proun resoun, e pas soulamen perqué éu, qu'es la mai auto autourita en matèri, l'a di ("ipse dixit"), mai tambèn perqué li doucumen que nous soun arriba lou demostron. Aquéli temouniage soun proun impourtant noun soulamen pèr marca l'autounoumìo dóu piemountés fàci à l'italian, mai tambèn nous mostron que la lengo nostro, vuei counfinado, pecaire ! dins lou guetò dialeitau d'ounte s'elo auso n'en sourti, trobo barrado la porto dis escolo, di coumuno emai di glèiso, a sa plaço autant que lis àutri lengo empéutado sus la vièio souco latino.

Basto se ramenta li *Sermoun subalpin* [1] pèr avé la provo que dins lou siècle XII lou vulgàri dóu Piemount èro gaubeja dins la glèiso ; lis *Estatut de l'óuspice de la Soucieta de Sant Jòrgi de Quièr* (Cher, proche Turin)[2], valènt-à-dire dóu Partit poupulàri, en 1321, a *l'Ate de Pouirin* (en 1465)[3], nous mostron que lou piemountés èro gaubeja dins la vido poulitico e amenistrativo ; lou *Jujamen de Rivauto* [4] sus uno proumesso de maridage noun tengudo, data de 1446, douno l'eisèmple de la lengo piemounteso utilisado dins la justiço ; li *Parlamen* e lis *Epistoulo* [5] - quatre moudèle de letro emé la reviraduro en latin - dóu siècle XIII vo XIV, servien is escoulan pèr coumpausa en latin, partènt de la lengo de la vido vidanto, e nous fan vèire adounc lou piemountés emplega à l'escolo. Aquèsti soun soulamen li doucumen que se soun garda, mai sian d'avis que forço soun esta perdu. Pamens, acò basto pèr nous moustra que lou piemountés èro emplega dins la vido publico autant que lis àutri dialèite dóu latin, que, intra dins lou "palais", devendran de lengo rèino emé la pretencioun pas soulamen de teni coume d'esclavo si sorre malurouso, li coundanant au fougau vo à pasturga li porc, mai tambèn ié negant d'èstre de la memo noblo raço latino, coume s'èron bastardo, coume s'èron de mespresa, uno raço maudicho qu'entameno nosto "unita naciounalo" e entrepacho lou prougrès souciau.

Emé l'escrivan de tiatre en piemountés Gioan Alion d'Ast (obro publicado en 1521) avèn la provo que lou franchimand èro coumpres en Piemount, que dins si coumèdi i'a proun de mounde que lou parlon. Estènt de pèço poupulàri, fau pensa que lou mounde coumprenié lou francés sènso trop se fatiga. Dins la Valèio d'Osto, ja despièi tres an avans l'"Edit de Villers-Cotterêts" (1539), la Coungregacioun di tres Estat avié establi que lou franchimand ramplaçavo lou latin dins tout ate amenistratiéu (28 de febrié de 1536). En 1557, Emanuel

---

1 Cf. W. Foerster *Galloitalische Predigten, Romanische Studien*, IV, 1879-1888, pp. 1-37 ; G. R. Clivio & M. Danesi *Concordanza linguistica dei "Sermoni Subalpina"*, Ca dë Studi Piemontèis, Turin, 1974.

2 C. Salvioni *Antichi testi dialettali chieresi, Miscellanea di filologia e linguistica*, Firenze, 1886, pp. 345-355.

3 F. Gabotto *Un documento dialettale piemontese del 1465, Bolletino Storico-bibliografico subalpino*, anno III, n° 1-2, 1898, p. 278.

4 Bollati e Manno *Documenti inediti in antico dialetto piemontese, Archivio Storico Italiano*, 1873.

5 Cf. P. Pacòt, C. Brero e R. Gandolfo *La letteratura piemontese dalle origini al Risorgimento*, Turin, 1967, pp. 111-114.

Filibert de Savoio gagno la bataio de Sant Quintin e, emé lou tratat de Castèu-Cambrèsi, recoubro tóuti sis estat. Li reourganiso en plen, emé la toco d'unifourmisa la legislacioun, e de centralisa l'amenistracioun. Entr'àutri coumandamen, i'a lou d'emplega la lengo franceso mounte lou mounde la parlavo dins la vido vidanto, e coume acò lou 22 de setèmbre lou franchimand devèn óubligatòri dins la Valèio d'Osto, en coufirmacioun de ço que li Vaudoustin avien ja establi éli-memo despièi vinto-cinq an. Barra entre lou franchimand e l'italian, que dins lou siècle XVI s'èron deja afourti coume lengo literàri, e qu'èron en trin de ramplaça lou latin, lou Piemount, divisa pouliticamen e emplega coume prat-bataié pèr lis armado enemigo, se troubavo dins uno situacioun gaire favourablo pèr faire de si dialèite uno lengo óuficialo de culturo e de gouvèr. E justamen, mentre qu'à la debuto dóu siècle XVI lou piemountés èro esta gaubeja pèr la redacioun de doucumen óuficiau e legau, despièi trouban soulamen d'obro literàri. Lou latin èro dur à mouri. Lou franchimand e l'italian èron de lengo de prestige : emai siguèsson gaire emplegado pèr parla dins la vido vidanto, an pas permes que lou piemountés s'afourtiguèsse coume lengo d'Estat[1].

Fau dire qu'en 1561, quouro Emanuel Filibert escrivié si "Letro patènto" pèr establi li lengo de sis estat, lou piemountés perdeguè soun óucasioun la mai grando pèr deveni óuficiau. Nous lou counfiermo lou Comte Louis Capel qu'en 1814 publicavo soun diciounàri piemountés-francés. Dins sa prefàci, escrivié :

Sans prétendre donner ici une idée avantageuse de notre langage, je conviendrai (...) que si le dialecte piémontais eût été cultivé du temps du premier Duc Amédée VIII (1383-1451) ou seulement d'Emmanuel Philibert (1528-1580), il serait devenu dans ce moment une langue illustre, au moins autant que le sont la portugaise et la hollandaise, dont l'une est à l'espagnole, l'autre à l'allemande, ce que la piémontaise est à l'italienne. [2]

E que, encaro dins la segoundo mita dóu siècle XVI, à Turin, se parlavo gaire l'italian, nous lou counfiermo Miquèu de Montaigne dins soun *Journau de viage en Itàli pèr la Souïsso e l'Alemagno* escri en 1580-81 (e publica soulamen en 1774) :

Eici à Turin se parlo d'ourdinàri lou francés. La lengo poupulàri es uno lengo que de l'italian a quasimen rèn d'autre que la prounounciacioun. Lou rèsto, es de paraulo franceso.

Miquèu de Montaigne èro dóu Peiregord, e dounc bèn en coundicioun d'avaloura l'autounoumìo dóu piemountés (qu'éu sentié quàsi coume un dialèite francés) fàci à l'italian (e tambèn de la lengo d'o).

Dins li valèio de religioun vaudeso dóu Pèlis e dóu Clusoun, au meme tèms de l'adesioun à la Refourmo proutestanto (sinòdi de Sanfouran en 1532) lou prouvençau fuguè abandouna dins li culte e dins li preguiero : la Biblo èro revirado au francés (Pèire Roubert, di l'Oulivetan), e falié garda li toco emé li fraire refourma di Cantoun Souïsse e dóu Dóufinat. Li de la Vau Clusoun despièi 1120 enjusqu'au Tratat d'Utrecht (1713) èron esta sujèt di Dóufin de Vieno d'Isèro e après di Rèi de Franço. Lou franchimand èro necessàri pèr legi li libre di refourmaire, la dóutrino, li sautié e lis innàri qu'èron tóuti estampa à Genèvo en franchimand. En 1630, la pèsto a empourta quàsi tóuti li "barbo" (pastour)

---

[1] G. R. Clivio *Stòria social del piemontèis, Musicalbrandé* n° 29, mars 1966, pp. 2-4.

[2] Luigi Cappello *Dictionnaire portatif piémontais-français suivi d'un vocabulaire français des termes usités dans les arts et métiers etc.*, 2 vol., Turin, 1814.

loucau, ramplaça pèr d'àutri vengu de Souïsso de lengo franceso, e que parlavon pas lou prouvençau.

L'óucasioun que lou piemountés avié mancado en 1561 pareissié retournado dins lou siècle XVIII qu'es lou de la counsciènci piemounteso, lou mai piemountés de l'istòri nostro, quand la lengo, après uno tiero de variacioun, prenguè sa formo, avans d'èstre entamenado pèr l'italian au siècle XIX. Dins lou siècle XVII lou Piemount es un estat unitàri ; lou parla de Turin, capitalo de l'estat despièi lou tèms d'Emanuel Filibert, devenguè senoun la lengo óuficialo (li lengo óuficialo es lou francés e l'italian) la lengo franco. La provo n'en es qu'encaro vuei, mai de cènt an après l'unita italiano, quasimen en tóuti li terro dóu Piemount, lou turinés es coumpres. Dins lou siècle XVII lou piemountés èro gaubeja à la Court, bèn talamen que Marìo-Cloutildo de Bourboun, franceso adounc, princesso dóu Piemount e despièi rèino (espouso de Carle-Emanuel IV) *vouguè l'aprene de si foundamen e degno aro lou parla* [1]. Lou medecin Maurise Pipin, emé sa gramatico e li moudèle de courrespoundènci, l'antoulougìo e lou diciounàri (tres libre foundamentau pèr l'istòri de nosto lengo, tóuti publica en 1783), a assaja de chanja lou destin de la lengo. Perqué la Court de Turin, maugrat qu'èro forço naciounalisto, noun acetè lou counsèu de Mèstre Pipin, e faguè pas dóu piemountés la lengo naciounalo?

Fau dire que forço Piemountés parlavon dos o tres lengo. Lou mounde cultiva couneissié lou francés e l'italian, e gaubejavo l'uno vo l'autro lengo pèr escriéure. Segoundamen, Mèstre Pipin avié prepausa uno grafìo qu'èro trop coumplicado, emplegant de signe nouvèu qu'èron proun dificile à faire aceta. E finalamen, lou piémountés mancavo d'aquéu prestige de la grando tradicioun literàri que l'italian coume lou francés poudien vanta.

La "Nacioun Piemounteso" foundado pèr li jacoubin à la fin de 1798 sus l'erso longo de la Revoulucioun de 1789 pausè pèr lou proumié cop despièi Emanuel Filibert la questioun de la lengo. Dins la countèsto que vesié lou Piemount entre l'independènci vo l'anneicioun à la Franço, uno coumessioun dóu gouvèr prouvisòri en febrié 1799 redigè uno relacioun mounte legissèn :

L'idioma francese è familiare in Piemonte, ed è cosa sorprendente come i piemontesi colti, e appassionati per le verità grandi e filosofiche, quasi presagi del glorioso destino, a cui erano chiamati, trascurano generalmente l'italiana favella per coltivare di proposito la francese. Quindi è avvenuto che il dialetto nostro, misto di voci italiane e francesi, ha una pressaché eguale analogia con i due idiomi a segno che il giovane piemontese entra nelle società con disposizione eguale ad apprendere le due lingue. Per la qual cosa, se a noi tocca la sorte di affratellarci con la Francia, noi vedremo nel giro di pochi anni la lingua francese divenire universale fra noi : il che sia detto per rispondere già sin d'ora a coloro i quali ravvisano nella differenza della lingua ostacolo alla proposta unione. Essi non rifettono che più sensibile è per avvenura la diversità che si osserva per la lingua francese, e i dialetti di particolari dipartimenti della Francia [2].

Se nous carcagno de vèire nosto lengo piemounteso pas noumado e desgradado à "patoues" en aqueste discours, pamens devèn pas trascura aquelo valutacioun de soun autounoumìo, perqué acò vòu dire qu'en 1798-99 lou

---

[1] M. Pipino *Gramatica piemontese*, Dedicàci, Turin, 1783.

[2] "Reppublicano piemontese", n° 19, 13 febbraio 1799).

piemountés èro estima autant liuen de l'italian que dóu francés, valènt-à-dire qu'èro pas un dialèite ni de l'uno nimai de l'autro lengo... D'ùni poudrien pensa qu'èro uno óupinioun partisano, redigido soulamen pèr pourta d'aigo au moulin francés ; mai acò's pas verai, perqué encaro quaranto an après, deforo de touto toco poulitico, un mèstre de la sciènci di dialèite, Bernardino Biondelli (Verona, 1804-Milan, 1886), escriéura :

... ancora oggidì in Piemonte, dove presso alcune classi prevale l'uso di istruire la gioventù nella lingua francese piuttosto che nell'italiana, trovasi assai di frequente individui che esprimono in lingua francese ciò que non saprebbero rappresentare nell'italiana (...) Quand'anche una nazione venga costretta da una forza prevalente a cangiare il proprio dialetto, conserva pressoché intatta la nativa pronunzia. Dando un'occhiata alla storia, ne troviamo la più ampia conferma. Così, infatti avvenne per i Galli, scambiando con la latina la propria lingua, conservando fino ai nostri giorni i loro suoni, malgrado le successive invasioni settentrionali e la formazione degli idiomi moderni. La comprovano i dialetti piemontesi e lombardi, che sono più affini ad alcuni dialetti francesi, che non a tutti gli altri d'Italia, non solo nella costruzione grammaticale, ma più particolarmente nelle pronunzia, come nell'analogia di certe vocali e di certi suoni nasali, che non si trovano in verun'altra nazione dell'Europa latina. [1]

D'un autre coustat, d'après ço qu'escrivié lou comte Louis Capel, sabèn que d'aquéu tèms, mancavo pas la counsciènci que lou piemountés aurié pouscu èstre uno "lengo" e noun un "dialèite", s'avié agu uno tradicioun amenistrativo e religiouso (coume, pèr eisèmple lou roumanche gramaci à la refourmo calvinisto) que ié defautavo en plen despièi la mita dóu siècle XVI.

Emé la Restauracioun, emai pouliticamen i'aguèsse agu uno reculado, naciounalamen se pòu dire que lou Piemount se mostro mai counsciènt e fort. L'óucupaciou franceso èro estado grèvo , e vióulènto la voulounta d'estrangi lou pople piemountés ; pèr counsequènci, fuguè naturau de se retira en se-memo, coume proutèsto contro lis óufènso à sa persounalita naciounalo. Lis escrivan en piemountés de la Restauracioun temounion de la resistènci d'un esperit piemountés noun reaciounàri, mai tesa à garda soun biais de senti, de pensa, e de viéure : uno civilisacioun que vòu pas debana[2].

Lou Reiaume de Sardegno, en aquéli tèms, èro caraterisa pèr avé mai qu'uno lengo, sènso ennuei : l'italian èro escri dóu coustat cisaupin, de l'autre èro lou francés (Savoio e Coumtat de Niço, emé lou prouteitourat dóu Mounegue). Mai à Niço se gaubejavo tambèn l'italian, e dóu coustat cisaupin, dins li valèio d'Osto e dins li vaudeso, lou francés. L'inne naciounau de l'Estat jusqu'en 1834 èro en sarde : *Counservet Deus su Re, salvet su Regnu Sardu...* Dins li vilajounet "Walser" de la Valèio d'Osto (li dous Gressoney, Issime) e dóu Piemount (Alagna, Rima, Rimella, Macugnaga, Formazza / Pomat, Agaro, Salecchio) li sermoun à la glèiso e la dóutrino èron en alemand. Lou piemountés, gaubeja regulieramen pèr li curat dins li sermoun e dins la dóutrino i pichoun, ounoura pèr la reviraduro

[1] B. Biondelli, "Sullo studio comparativo delle lingue" in *Il Politecnico*, I, voul. 2, avoust de 1839, pp. 172-175.
[2] Cf. Pinin Pacòt, *op. cit.*, e P. Pacòt, C. Brero, R. Gandolfo, *op. cit.*, p. 34.

dóu Nouvèu Testamen facho pèr li Vaudés, belèu aro en trin de regagna li pousicioun perdudo[1].

Mai justamen en aquélis annado s'acaminon lis estrambord italian : la bourgesié en cerco de marcat nouvèu, li pouèto e li patrioto, e forço jouine regardon plus la civilisacioun aupenco dóu vièi Piemount, que, autant que la Souïsso, èro à chivau sus lis Aup. Mai soun encanta pèr la nouvello idèio ensouleiado de l'Itàli uno em'independènto. Alor lou piemountés coumènço d'èstre rudeja. Mèstre Pipin a bello à n'en dire que *a buona equità può reputarsi fra i più dolci, i più gentili ed i più espressivi fra i dialetti, (...) ogni cosa che ad uso possa servire, agevolmente ed in breve spiegar possiamo communicarci le idee e ragionare sopra qualunque soggetto ed al vivo possiamo delinearlo*, e "il poeta piemontese" dins *l'almanacco dilettevolo per l'anno 1800* que *ha una precisione particolare nell'esprimersi, une vivacità semplice ; feceto quando abbisogna, serio quando occorre, grave quando lo vuol l'argomento*, l'abat Casimiro Zalli coustato qu'*es gaire estima pèr lis estrangié, trascura pèr li Naciounau,* mau-grat que d'un autre las digue *nosto LENGO es tant richo e aboundounso de mot que poudèn espremi nòsti sentimen emé facileta, naturau, forço e gràci.* Emai pèr lou pouèto Rico Bussolin (di "l'Armita de Cavoret") aguèsse un gros poutenciai pouëti[2], aquelo lengo, aro, pèr d'àutri *riesce un ignobile gergo sotto i rapporti civili e politici perchè isola i piemontesi dal resto de l'Italia, toglie loro il merito all'occhio degli stranieri* [3]. Au tèms dóu rèi Carle Albert, aquelo idèio s'afourtis sèmpre que mai. En 1841, dins un librihoun pèr li mèstre d'escolo, se legissié :

Il grido prolungato d'incitamento a lasciare lo sguaiato linguaggio piemontese ed a parlare famigliarmente italiano ha scosso non pocchi... [4].

La pousicioun de la lengo piemounteso à la vèio de l'aventuro italiano èro talamen mudado que lou pouèto Jan Ignaci Pansoya qu'avié escri en 1828-32 que jamai se sarié "despiemountesi nimai pèr faire de tragèdi" (alusioun à Vitòri Alfieri lou grand pouèto tragi que sabié escriéure en piemountés mai qu'a fa si tragèdi en italian), aro, en 1848 (l'an de la proumiero guerro d'independènci), fai partido d'uno assouciacioun *i cui soci dovevano impegnarsi sotto il vincolo del giuramento di parlare sempre en soltanto italiano.*

Fidelita au piemountés e nouvèl amour pèr l'Itàli : uno countradicioun que déura caraterisa li pouèto piemountés de 1848 à 1870. A cha pau, pèr parèisse estrangié dins l'Itàli que li Piemountés avien facho, lou piemountés s'aloungo de mot italian, se delavo, devèn un "dialèite" de la "lengo" italiano. Lou journau pouliti, tout escri en piemountés, la *Gasëta d'Gianduja* (1866-1868) es pleno d'aquéu contro-di. Nosto lengo, emai fuguèsse forço parlado, vai toumba dins li cantoun li mai sourne e neglegi de la culturo "naciounalo" que desenant es soulamen italiano. Contro l'idèio fisso que "l'Itàli facho, fau faire lis Italian", uni dins uno nacioun, uno lengo, uno religioun[5], i'a soulamen li lenguisto e li

---

[1] T. Burat parlo eici que dei lingo dins leis istitucien ; vai soulet que l'avié mant un parla loucau en mai d'acò [F.B].

[2] Cf. Tavo Burat, "La lenga dël Piemont ant la stòria d'italia", *At dël V Rescontr anternasional de studi an sla lenga e la literatura piemontèisa*, Alba, 7 e 8 magg 1988, p. 141.

[3] M. Paroletti, *Turin à la portée des étrangers*, Turin, 1826.

[4] A. Fecia, *Ajutarello a parlare famigliarmente italiano*, ecc., Biella, 1841, Prefàci, p. III.

[5] Discours dóu Generau Alfonso Lamarmora, Proumié Menistre, 30 de nouvèmbre de 1864 (Cf. *Unità Cattolica* dóu 3 de desèmbre de 19864, n° 354).

pedougisto li mai dubert. Li pichoun dis escolo piemounteso disien, esglaria : *Ma mi capisso nen l'italian !*

En 1923, bonadi lou travai de pedagougisto coume Giovanni Crocioni, Giuseppe Lombardo-Radice, Ciro Trabalza, li "dialèite" italian soun intra is escolo. Lis escoulan avien coume acò de librihoun escri en lengo regiounalo, e adounc en piemountés tambèn. Mai li fascisto bèn lèu s'avisèron que li lengo regiounalo poudien pas s'adouba emé la deviso vento-brenado de "Roma Doma", e qu'èron un levame d'autounoumìo e de freiranço internaciounalo, perqué li counfin pouliti sou quasimen jamai naturau. Lou mounde d'un coustat e de l'autre d'uno frountiero parlo souvènti-fes la memo lengo... Pèr acò, lou fascisme fuguè l'enemi di "dialèite" e li bandiguè dis escolo, de la prèisso, di noum de liò, dóu tiatre... Pamens, dins li vint an dóu "regime" lou piemountés vesié sa "revouluci oun culturalo": emé la revisto *Ij Brandé* ("li cacho-fiò", que gardon la flamo que s'amousso pas) nascudo en 1927, lou piemountés redevèn uno lengo literàri e lou pouèto Pinin Pacòt (1899-1964) sara lou mèstre primadié de la bello escolo nouvello. Emé l'Itàli nascudo d'aquelo resistènci, qu'es estado facho en parlant li "dialèite", li lengo regiounalo an jusqu'à vuei, agu rèn de rèn. Lis an dóu "miracle ecounoumi" (1950-1960) e lou "counsumisme", an quàsi estoufa tout ço qu'es diferènt. Lou "counsumisme" a capita mounte lou fascisme èro pas arriba[1].

Sarié pamens pas dificile de coumprene la valour di lengo regiounalo... La naturo fai pas de saut, dins la lenguistico nimai. De l'italian dóu cèntre se passo au nord i parla celtò-rouman, qu'an lou piemountés coume lou mai diferènt, e dóu piemountés se paso i lengo d'o e d'oi... Nòstis oubrié e gènt de la terro que soun ana en Franço, parlant lou piemountés, an aprés la lengo d'o qu'an rescountrado.Avien uno pratico de ginastico mentalo que ié permetié d'aprene lèi li lengo estrangiero. Lis abitant di vilo que parlon soulamen l'italian, an proun de dificulta pèr "intra" dins la civilisacioun que li reçaup. Dins l'Éuropo nouvello, nòsti lengo qu'an ges doumina, que soun l'antidote contro l'alienacioun, e la sabo pèr èstre ome viéu e libre, soun belèu lou secrèt pèr se retrouba en fraire.

[1] Un estùdi recentamen publica de Yves Le Clézio ("dialecte et modernité : la situation linguistique en Italie en 1990" in *La Linguistique* n° 27, fasc. 1, Paris, PUF, 1991, pp. 59-74) douno d'entre-signe sus la situacien dei lingo regiounalo d'Itàli encuei (bèn meiouro qu'en Franço !). Uno lèi vèn d'èstre voutado en Itàli pèr apara quàuquei lingo regiounalo marginalo, coumo lou prouvençau [F.B.]

LOU NISSART

Albert ROSSO
Proufessour de nissart
Nissa

Résumé : *On croit souvent que le nissart est parlé partout dans le Comté de Nice, alors qu'il n'est que la langue de Nice et de ses alentours, même si le nissart influence les parlers des villes proches. Les idiomes gavots du Comté sont les plus variés. Contrairement à d'autres régions de France, l'idiome local n'a pas été abandonné par les classes "élevées" du pays nissart.*

Si di e s'escrieu que lou nissart es la lénga parlada dintre lou Coumtat de Nissa. Ma cau saupre que per li gent dóu païs lou nissart es la lénga de Nissa, de la riba de mar, dei couòla, de la bassa valada dóu Paioun e d'aquela dóu Var fin au Plan dóu Var.

Lu parlà dei autre païs soun reunit souta la denouminacioun de "gavouot".

Lenguisticamen, lou Coumtat si pòu divisà ensin[1]:

-nissart
-aut Var, Esteroun, Chans
-Tinea, Val de Bloura
-Vesubia, Gourdoulasca
-Bévera, Roia

Ma de diferença souven empourtanti esistoun d'una valada à l'autra o dintre una meme valada. Per esemple[2]:

1. Palatalisacioun de [k, g] davant [a] en Chans, Auta Tinea e Val de Bloura (chan, jal);
2. Mantenimen, voucalisacioun, routacisme dóu [l] final (bèl, bèu, bèr);

---

[1] André Compan, *Anthologie de la littérature niçoise*, l'Astrado, Toulon, 1971, p. 127 à 147.
[2] *Glossaire des dialectes gavots de la basse vallée de la Tinée*, C.R.A.S.C., Nice, 1976 ; Roger et Rémy Gasiglia, *Un exemple de parler du moyen pays nissart, le dialecte contois*, Bulletin de liaison du CRDP, Nice, 1979 ; Gilbert Gnech, *Lou parlà souspelenc*, Lou Sourgentin, 1981 ; Frédéric Chiris, *Les parlers du Paillon*, Lou Sourgentin, 1984.

3. Mantenimen o toumbada dei counsoni finali e, tra voucala, dóu [z] (ase, ae, ai), dóu [d] vengut dau [t] latin (puada, puaia, puau), dóu [r] e [l] (èra, ea / cigala, cigaa).

4. [o] final atònou dau Aut Var fin à la Vesubìa.

5. Marca dóu plural feminin : Ø, -i, -e, -ei, -oi, --os, -ai, -as : frema (Nissa), fremi (Levens), freme (Mentoun), fremei (Contes), fremai (Couarasa), fremoi (Tinea), fremos (Tinea, Vesubìa), Fremas (Souspèu).

L'empourtança de Nissa, la tradicioun leteraria de la sieu lénga e li facilità de coumunicacioun fan que l'enfluença dóu nissart si fa sentì dintre li valada e à levant (li gent que parlon la lénga dau sieu e lou nissart noun soun rare) ma finda de l'autre coustà dóu Var (esemple dóu [a] final atònou)[1].

Pierre Dubois remarcava en 1958[2]: Le niçard a exercé et exerce encore une influence sur la parler de la zone côtière de la rive droite du Var... Nous avons même décelé à Cagnes des signes avant-coureurs de nouvelles évolutions sur certains points particuliers (-t final des participes, futur et conditionnel de Cj. I)".

Avant l'escola oubligatoria, levat aquelu qu'avìon fach d'estudi, li gent parlavon que nissart. E la lénga èra -e es- parlada per touti li classa souciali. Pierre Devoluy, en 1924, lou nota :

"Alors qu'à Aix, à Avignon, à Montpellier, la langue d'Oc est trop tenue à mépris par les "Messieurs", ce sont au contraire, à Nice, comme autrefois dans toute la Provence et le Languedoc, les meilleures familles du pays qui se font honneur de parler leur idiome national (*Au Gai Royaume de l'Azur*, Grenoble)[3].

D'aqueu "mépris" n'aven una prova dintre aqueli rega dóu Canenc Emile Negrin datadi de 1868 :

"Ce qui frappe le plus les personnes qui viennent pour la première fois passer quelque temps à Nice, c'est d'ouïr tout le monde parler patois... Les notables ne peuvent se figurer combien est pénible l'impression qu'on éprouve en les oyant ainsi discourir dans le jargon barbare du bas peuple. Partout ailleurs, le patois est laissé aux gens sans éducation (*Les promenades de Nice*)[4].

En lou paìs de Nissa, li a pas de "langue des Messieurs". Fin à ahura, per esemple, Nissa a toujou augut un mèra nissardoufone.

Nissart, Mistral aurìa pas pouscut escrieure :

- *Coume vai, demandave, qu'aquel ome d'aqui parlo pas coume nous-autre?*

- *Pèr-ço-qu'es un moussu, me respoundien.* [5].

---

[1] "Si l'on rencontre encore quelques vieux Cagnois pour dire *cabro, canto*, l'immense majorité des indigènes, et l'élément jeune de la population, n'emploient plus que des formes en -a" P. Dubois, *Position des parlers de Cagnes et de Vence par rapport au provençal et au niçard*, Aix, p. 88.

[2] Ibid. p. 285.

[3] Citat per Rémy Gasiglia (*Grammaire du nissart*, Nice, 1984, p. 74).

[4] Ibid.

[5] F. Mistral, *Memòri e Raconte*, Lou Prouvençau à l'Escolo, 1971, p. 26.

L'EDICIOUN PROUVENÇALO

Michèu COURTY
Presidènt de l'Astrado Prouvençalo
Escrivan

Résumé : *L'édition provençale professionnelle n'existe pas. Elle n'est que l'affaire d'amateurs passionnés. Quelques écrivains provençaux ont bénéficié d'éditeurs nationaux français, mais la plupart sont publiés par des associations, voire à compte d'auteur. Car les grands éditeurs, les médias, ne s'intéressent pas à la littérature provençale, malgré son prestige international et la qualité des oeuvres qui sont créées. "L'Astrado Prouvençalo" est la seule association dont la vocation principale soit l'édition en langue provençale : plus de 150 titres publiés depuis 1965, à la suite des éditions "Marsyas". Mais comme la diffusion est très difficile, que le public potentiel et les libraires ne sont pas au courant de ce qui paraît, les manusrits s'accumulent et les tirages sont réduits. Car il y a de nombreux écrivains de qualité. Ils ne vivent bien sûr pas de leur plume, et, sont en sus de leur métier, bien souvent, des militants actifs, ce qui leur laisse peu de temps pour écrire. Pourtant la littérature provençale n'est pas régionaliste, elle est universelle, et l'a prouvé brillamment avec les Troubadours ou le Prix Nobel de Mistral. La laisser mourir, c'est appauvrir la culture universelle. Elle a besoin d'être aidée à l'impression et à la diffusion des livres, de catalogues (auprès des bibliothèques publiques et des médias notamment). Le Conseil Régional et l'Etat ont le devoir d'organiser ce soutien. Demain, il sera trop tard.*

Sèmblo uno escoumesso de voulé parla de l'edicioun prouvençalo, e meme eici, à Maiano. Car, à dire lou verai, e en tenènt comte de ço qu'es l'edicioun en generau, l'edicioun prouvençalo eisisto pas. Dempièi la foundacioun dóu Felibrige, en 1854, qu'es recouneigudo unanimamen coume la debuto dóu mouvemen de la reneissènço prouvençalo, dempièi dounc tout aro un siècle e demié, l'edicioun prouvençalo es lou doumaine de quàuquis afeciouna prouvençau e pas mai.

Frederi Mistral a agu la chanço de soun vivènt d'agué un editour naciounau. Pèr naciounau, entènde francés, que raiouno sus l'espàci francés e que sort de l'eisagone. De soun vivènt, dise. Mai a faugu espera lis annado sieissanto pèr qu'espeligon enfin sis obro coumpleto gramaci lis edicioun sestiano de Pèire Rollet. E aro, i'a pas uno edicioun de pòchi bon marcat que permete de croumpa pèr quàuqui franc un libre de Mistral.

Jóusè d'Arbaud a agu un grand editour pèr *La Sóuvagino* e *La Bèstio dóu Vacarés*. Ero l'editour Grasset.

Mas-Felipe Delavouet, mai proche de nautre, es esta publica pèr José Corti. Lis editour naciounau à grando difusioun em'à catalogue impourtant s'interesson pas is escrivan prouvençau. E pamens, digas-me s'un Mistral aurié pas sa plaço dins la biblioutèco de la Pléiade ?

Alor, mounte n'en es l'edicioun prouvençalo, car, mau-grat tout, espelisson de libre prouvençau ? Ai di que l'edicioun prouvençalo es afaire d'amatour. Uno escolo, uno assouciacioun, tèms en tèms publico un libre. Pèr nous n'en teni i darriéris annado, i trento darriéris annado, veguerian l'escolo de la Tourmagno, à Nime, semoundre uno edicioun de *Vido d'Enfant* de Batisto Bonnet e quàuqui libre de soun foundadou. La "France Latine" à Paris a sourti quàuqui libre. L'escolo de la Targo, à Touloun, parié. L'assouciacioun "Parlaren" a publica quàuqui titre aquésti darriéris annado.

Fau bouta à despart lis Aubanel, libraire-editour en Avignoun dempièi mai de dous siècle, que publicon lis obro coumpleto de soun aujòu, lou pouèto Teodor Aubanel. Quàuquis escrivan fan d'edicioun à comte d'autour, metènt ansin sus lou marcat lou meiour (quand s'agis d'un Emilo Bonnel, d'un Jan Roche...) e lou pas tant bon (aqui, baiarai ges de noum !).

Uno assouciacioun s'es bandido en plen dins l'edicioun de qualita ; s'agis de "l'Astrado Prouvençalo" foundado en 1965 pèr Louis Bayle que prenguè en quauco sorto la seguido de l'obro de Sùli-Andriéu Peyre e de sis edicioun "Marsyas". A publica mai de cènt quaranto libre en vint e cinq an, de libre que van de la Coumtesso de Dìo à la prouducioun d'aro en passant pèr un Michèu Tronc dóu siècle segen. A publica lis obro dis grands escrivan de l'après-guerro, li Méjean, Galtier, Vianès, Moutet, Bonnet... e lis obro dis escrivan de vuei que l'on pòu qualifica de "generacioun de l'Astrado".

Malurousamen, fauto de mejan, li manuscrit s'encamellon e soun pas edita. O bèn, lis obro agoutado soun pas reeditado mau-grat soun interès.

E pamens, lou publi poutenciau de legèire eisisto. Es impourtant, dins li vilo coume dins li vilage. Mai aquelo edicioun lou toco pas, fauto de soustèn mediati. Enjusco dins lou mounde prouvençau, se saup pas, la majo part dóu tèms, la publicacioun d'obro pamens de qualita. Li libraire e li biblioutèco publico n'en soun pas avisa nimai. E coume lou sarien-ti ? Quand un libre en francés espelis souto uno signaturo couneigudo, li journau n'en rèndon comte emé coumplasènço, la radiò e la televesioun trobon milo bòni resoun pèr n'en faire veni l'autour dins un mouloun d'emessioun. Quand un libre en prouvençau espelis souto uno signaturo couneigudo, i'a quàuqui buletin pèr ié counsacra quàuqui rego mai li journau francés regiounau n'en dison rèn ; e pamens déurien se faire uno lèi d'èstre regiounau avans tout, liogo de sinja li quoutidian naciounau, li "grand quoutidian" coume se dis.

Ansin, de fiéu en courduro, l'edicioun prouvençalo de qualita - ensiste aqui subre, *de qualita* - es coundanado à de tirage redu, quasimen counfidenciau.

La lengo prouvençalo pòu tout espremi. Lis escrivan eisiston : pouèto, prousaire, autour dramati, gramatician, eisegète... Mai sa situacioun a rèn à vèire em'aquelo dis escrivan de lengo franceso : meme li plus grand podon pas viéure de sa plumo ; eiserçon uno proufessioun, un mestié ; de mai, soun proun fes d'animatour de cèntre de mantenènço, d'ensignaire de la lengo... E fourçadamen, lou tèms que counsacron à l'escrituro es redu. Un soulet pres literàri i'es reserva : lou Pres Mistral, decerni un an noun l'autre pèr lou Museon arlaten, douta de 3000F. Sian bèn liuen di miliouns de franc que representon li grand pres literàri annau o li pres de l'Acadèmi franceso !

A-n-aqueste endré de noste espausat, e en tenènt comte de l'esperit d'aquelo journado, poudèn nous demanda pèr dequé voulé manteni uno talo literaturo dins un mounde que dison de mai en mai large e dubert, que reclamo d'espàci de mai en mai grand ? La resoun n'es simplasso. Aquelo literaturo prouvençalo es tout, franc d'uno literaturo regiounalisto ; li creatour chausisson la lengo prouvençalo pèr s'espremi, uno lengo coume lis autro, mai espremisson de sentimen, de soucit, universau. Lou dison en prouvençau e dounc podon adurre is àutris ome sa countribucioun parié coume un escrivan de l'Americo dóu Miejour o un escrivan rùssi nous aduson soun umanisme. La pouësìo eissido de Prouvènço pòu pretouca lou cor d'un Espagnòu di "sierra", d'un Italian, d'un Grè... e reciproucamen. E coume i'a qu'un Prouvençau enracina pèr espremi sa terro (sounjen, pèr eisèmple, à la pouësìo dóu regreta Jan-Calendau Vianès), leissa mouri la literaturo prouvençalo es apauri la culturo universalo.

Es proun clar que l'edicioun prouvençalo a besoun d'èstre ajudado. Soulet, li poudé publi podon ajuda la creacioun literàri en baiant li suvencioun necito, suvencioun pèr empremi li libre e suvencioun pèr n'assegura la publicita. Voulèn pas d'uno publicita batarello e carivèndo, noun, mai l'edicioun e la difusioun de catalogue, de desplegant. Li poudé publi podon impausa i biblioutèco publico (municipalo, escoulàri, universitàri) de reserva uno part de soun buget pèr croumpa li libre prouvençau. Coustarié gaire d'ourganisa chasco annado dins uno vilo diferènto un seloun dóu libre prouvençau reserva i soulet libre escri en lengo prouvençalo em'un soustèn mediati serious. Coustarié gaire d'assabenta di publicacioun prouvençalo tóuti lis universita franceso e fourestiero qu'en de cadiero d'ensignamen dóu prouvençau.

Lou Counsèu Regiounau de Prouvènço es lou proumié councerni, mai l'Estat, li Menistèri de l'Educacioun e de la Culturo an lou devé de l'ajuda de sa participacioun, d'abord que lou prouvençau es uno di lengo de Franço. Sarié proun eisa d'assegura la messo au poun de l'ajudo à l'edicioun prouvençalo segound li lèi amenistrativo.

Aquéu coungrès que se tèn vuei à Maiano adus un cop de mai la provo que la lengo e la literaturo prouvençalo soun pas de sujèt pichot bon pèr interessa rèn que quàuquis inteleituau atardiva de prouvinço. Li letro prouvençalo an baia au mounde li troubadou, plus tard un Prèmi Nobel de Literaturo. Aro, an soun role à jouga en plen, soun message à delièura. Mai lou tèms buto, se l'ajudo arribo pas vuei, vuei meme, deman sara trop tard.

LOU PROUVENÇAU D'ITÀLI SUS LI CAMIN D'ÉUROPO

Sergio ARNEODO
Cèntre Prouvençal de Coumboscuro
Piemount, Itàli.

Résumé : *L'arc alpin d'Italie est constitué d'ethnies minoritaires : provençal, franco-provençal, allemand, ladin-frioulan et slovène. Vers l'an mil, la situation des langues néo-latines était sans doute comparable. Elles n'étaient que petites graines, et certaines devinrent grandes. Les langues minoritaires d'Europe sont peut-être à leur tour semence pour l'Europe de demain. Mais l'Europe pourrait n'être qu'un conglomérat d'individualismes. Deux directions existent : soit l'erreur d'une union inter-étatique, soit la rencontre fraternelle des hommes passant outre les barrières des Etats officiels. L'affairisme, ou les cultures populaires, faibles mais pleines de sève. Les grandes langues sont à saturation. Les petites langues du ghetto alpin insuffleront-elles un renouveau ? S. Arneodo en est persuadé en ce qui concerne le provençal. Ce n'est qu'à partir des années 1950 que les "Provençaux" d'Italie ont pris conscience des liens qui les unissent à la Provence et que les frontières étatiques avaient cachés. Dans la vallée de Coumboscuro, un mouvement s'est mis au travail : enseignement, créations artistiques... Les liens sont maintenant solides entre les deux versants des Alpes. Face aux menaces qui pèsent sur les parlers provençaux d'Italie, l'Union Provençale et Comboscuro ont présenté une "Charte de Comboscure" de coopération culturelle aux régions Piémont et Provence-Alpes-Côte d'Azur. Et une loi, longtemps espérée, garantit depuis fin 1991 l'enseignement obligatoire du provençal dans les vallées italiennes concernées.*

Li lengo mespresado

Au moumen d'aro tout lou mounde counèis que tras la frountiero, dins li valèio d'Itàli, se parlo prouvençau. Soun, en particulié, li valèio que van di raro 'mé la Ligurìo e lou nissarte (limito sud) enjusqu'à la nauto val de la Doro Ripario (limito nord).

Au setentrioun d'acò la lengo es de franco-prouvençau, vau d'Osto enclauso. Seguis la pichouno enclastro Walser à l'entour dóu Mount-Roso ; devers est li quàuquis isclo para-alemano, lou sud-Tirol forço aleman e un pau mens ladin, e, fin finalo, li ladin-furlan e lis eslouvèn de la pouncho ourientalo dis Aup.

Mai perdequé anan remenbra acò ? A que dessina uno geougrafìo di lengo minouritàri de l'arc aupen, bèn qu'un lestige pas mai qu'endicatiéu ? Sènso pantai d'utoupìo (e crese pas d'en èstre malaut) vóudriéu afierma qu'emé aquéu "decor" di lengo minouritàri dis Aup, ai francamen l'impressioun de m'atrouba davans lou panorama que presentavo, i'a de siècle, l'Europo de l'Age-Mejan, just-

juste à l'endeman dóu grand (e grandamen mitisa, pecaire !) reviramen de l'an milo.

Èron li tèms que Chrétien de Troyes bastissié si gràndis envencioun de sentimen o d'aventuro, Guiaume d'Aquitàni, troubadour e Du, cantavo guerro e passioun, e, en Itàli, l'engèni de Dante èro encaro liuen, mai lou latin prenié adeja un gàubi rudamen vulgarisant e plen de gaiardo moudernita dins lou "Dies irae" escatoulougi de Toumas de Celano.

E bèn : d'aquéli semènço d'ispiracioun -pèr aquéli tèms minço e marginaloço qu'es ressourti, se noun li gràndi literaturo neoulatino, qu'à l'epoco nostro tenon lou lougis e la soubeiraneta : la franchimando, l'italiano, l'espagnolo ?... Sarié pas esta, aquelo, la pichoto grano de senàpi de l'Evangèli, que dins uno virado de generacioun se fai aubre espetaclous ?

De mai : es pas, belèu, verai que pèr un grandissage talamen pouderous ié vai la forço - encaro enfantouneto mai pamens fresco, lindo e crebarello - d'uno brigouleto de grano, que n'en parèis quàsi ges à l'iue ?

Mai vaqui que ié venèn : es pas, belèu, qu'aquéli descouneigudo e mespresàdi lengo minouritàri dis Aup saran deman la semènço di gràndi lengo poupulàri de l'Éuropo, e se noun de touto l'Éuropo, de la cèntre-mieterrano segur, vo cèntre-miejournalo, vo neouroumano ?

En Itàli lis Italian aprènon l'anglés à l'escolo e, se se countenton de parèisse mens elitàri, se replegon sus lou franchimand : acò dóu meme biais qu'au tèms de moun enfanço s'aprenié lou latin vo lou grè ("rosa-rosae-rosae-rosam"), emé, belèu, uno pessugueto de vounchuro eleitro-tele-audio-visuau, que douno - pecaireto ! - un trefoulimen rock-inteleituau à l'ensignamen.

Mai de qu'arribo ?... Que d'eiça se rèsto toujour esperitalamen cripto-italian, dóu meme que d'eila rèsto cripto-francés : ges d'unioun vertadiero, ges de fusioun esperitalo, ges de parentage vivènt : sian à front à-n-un escàmbi de sciènci, mai la barriero umano rèsto.

Lèu di : italian d'eiça, francés d'eila, lou mounde countùnio sus soun draiòu d'antan, emé, en demai, uno enfloucaduro d'Éuromanìo, qu'emplis pas mens la tèsto que la bouco : "Oh dear, soft life ! Welcome back ! Where are you ?" Vo : "Je garde un beau souvenir de Paris... son doux ciel changeant... l'amabilité de ses habitants... ". E d'àutri coucoulige coum'acò, à la "Valentine voyage"!

Mai aqui l'Éuropo mount'es ? Ou belèu, aquelo "maison commune" foufounejado pèr li Gorby-fans es pulèu pas un falanstèri coundeminiau de *single* loucatàri endevidualisto ?

Lou camin à segui

Mai alouro ? Aqui li soulucioun soun dos : vo tout lou mounde s'abandouno à l'engano d'uno unioun interstatalo, qu'eisistara jamai, vo fau se revira eila, mounte la franqueta douno l'espèro que n'en posque sourti uno lus vertadiero pèr deman. E pèr "lus vertadiero" entènde lou sentimen soucamen poupulàri, que d'un biais tout naturau estaco un pople emé l'autre e lis afrairejo dóu sistèmo óuficiau dis estat.

Dins l'Éuropo que ié sian uei i'a pas d'autre camin à segui : vo la vièio óuficialeta enganarello, que pèr la vouas de si gràndi lengo declamo "Éuropo 93" e desbarco sus lou "quai" dis afaire ecounoumi emai di "trusts" superfinanciàri ;

vo li culturo e li lengo poupulàri, feblo e sènso poudé, mai richo d'èime, de fisanço emai de frescour lindo e aveneirello.

E alouro sian eisatamen e un cop de mai au mejan-age de Chrétien e de Toumas de Celano : li lengo debutarelo, que dins aquéli tèms esluencha countavon ges, an pièi espandi sa como e an fa l'unioun esperitalo de l'Éuropo post-latino, perdequé an trouba à cha pau en Dante, en Fernand de Rojas, en François Villon la voues maduro, fermo e gaiardo de sa persounalita.

Malurousamen, de que soun devengudo, après, aquéli lengo de la proumiero neissènço éuroupenco, se noun lengo d'estat, de capitalo, de sistèmo, de poudé ? Jean-Baptiste Vico e Friedrich Schelling parlon dins si filousoufìo de l'istòri, d'uno escalado, seguido d'un replegamen alassa di civilisacioun sus li grand camin di tèms. E, belèu, arribo coumo acò tambèn pèr li lengo.

Mai, de tout biais, vendra pas lou tèms que li pichouno lengo debutarello, e minouritàri, de uei, troubaran sus soun camin si Dante, si Chaucer, si Villon ?... Es pas verai qu'au moumen d'aro ié manco que lou cop d'alo dóu grand escrivèire, pèr sourti au plen soulèu de sa grandour ? Coumo d'aiours an fa tóuti lis àutri lengo !

Li lengo dóu "guetto"

Mai aro sian justamen à-n-uno nouvello revirado di tèms. Franchimand, italian, espagnòu, pourtugués (pèr se teni au doumèni mieterran) soun belèu à-n-uno "impasse" de saturacioun : sa criso d'identita n'en fai ges d'autre que lou mirau d'uno óumoulougacioun espetaclouso e terriblo qu'aganto touto la soucieta dóu rock, dóu toutalitarisme e de l'edounisme.

Es belèu, l'ouro di pichòti lengo minouritàri ? Es l'ouro di fèbli culturo escoundudo dins li "guetto" marginau dis Aup ? Pèr ço que toco lou prouvençau, n'en siéu plenamen dins l'idèio. Ço que ié fau, es de pas perdre lou trin : qu'es bèn lou risque vertadié de touto la pichounarié : oh ! que de trin perdu, valènt-à-dire d'óucasioun pas agantado, dins l'istòri di marginau, ome vo pople que siegon !

Pèr moun comte pode m'apela à moun esperiènci. La Coumboscuro ("vallée sombre") ounte vive, es pas la souleto nimai la majo valèio dóu pendis d'Itàli mounte lou mounde charro prouvençau. Trento an e passo arrié, la Prouvènço èro esluencha d'eici, que vous noun n'en digue !

Avèn entamena li proumiéris apròchi emé lis ami e assouciacioun e militant prouvençau de l'autro man d'un pas doutous e mau-segur : perdequé d'aquéli moumen Prouvènço èro en Franço, e Franço èro Paris, èro la grandour galicano e jacoubino, èro un prestige istouri que nautre avian pas... Coume erian qu'italian e que l'Italìo se soustenié mau si braio au dos !

Despassa la frountiero èro, alouro, coume intra dins un autre mounde, coume chanja de règlo, de raport uman, belèu d'inteligènci memo. I'a faugu de tèms pèr dessubra aquéli barriero psicoulougico. Mai à cha pau avèn retrouba la realita di causo : avèn redescubert li draiòu de nòsti rèire, qu'èron emigra à Niço, Cano, Marsiho, Avignoun, Seloun, Arle... Li campagno e li colo e li mas d'eila n'èron clafi.

Avèn touca de man que tras la frountiero la lengo de tóuti li jour (au deila dóu franchimand óuficiau que s'impausavo pèr forço de lèi) èro quaucarèn de pròchi de noste "patois" di valèio : valènt-à-dire qu'èro de prouvençau. E ié se poudié charra libramen de la plueio e dóu soulèu, dóu passat e dóu presènt, dóu coumèrci e de la calignairo.

E bèn : ço qu'èro, aquelo lengo, se noun uno trèsso d'argènt, que nous rejounié? Se noun un pica d'alo que passavo sus nòsti front ? Un "se retrouba mai", nautre d'aquèsti valèio d'Itàli e li de la Crau, vo dóu Coumtat, vo dóu Dóufinat, idealamen asseta, coume fasien nòstis ancian, dins l'estable, li lòngui vesprado d'ivèr, à se counta lis istòri di masco e di "sarvan" ("les petits hommes sauvages") e di mort, que la niue entre Toussant e lou 2 de nouvèmbre s'entaulon mai à la fougagno de l'oustau ?

En Coumboscuro

Lengo de miracle, mounte se miraio lou fiéu de nosto istòri e de nosto vido ! Que vòu dire : de nosto etnio aupenco. Lengo que despasses li cresten, que sènso brut engimbres uno unioun dessubre ço que lis ome an dessepara, que li guerro e lis equilibrisme pouliti an matrassa !

En Coumboscuro, mounte es à l'obro un Mouvamen de civilisacioun prouvençalo aupenco, avèn vist, belèu li proumié en Itàli pèr ço que toco la lengo de Mistral, aquéu camin trasfrountalié. Èro lis annado entre 50 e 60. A Sancto Lucìo de Coumboscuro la pichoto escolo primàri (mens qu'uno vintenado d'escoulan) escriéu en prouvençau de l'endré, elo souleto, fai de pouësìo e d'istòri en lengo, publico un journau rouneoutipa, douno vido à-n-uno chourmo de teatre (lou "teatre de Coumboscuro"), uno de danço aupenco ("li Dançaire de Coumboscuro"), pau après uno de musico de repertòri aupenc e prouvençau ("Li Troubaires de Coumboscuro"). Soun d'annado que fan flòri. Se n'en parlo, s'en estouno, ié sorton d'ami e d'aversàri. Sus aquelo erso à soun coustat vai sourti "l'Escolo dóu Po", uno assouciacioun que pren tóuti li valèio prouvençalo d'Itàli : sèmblo lou bon moumen de l'espelido e de la vitòri sus lou silènci de milo an. Mai l'Escolo dóu Po toumbara après douge an de bon travai. Rèsto "Coumboscuro" e soun pichoun enclastre oubrairenc e boulegaire.

Après d'aquéu moumen la situacioun generalo alentour se coumplicara : councurrènci, ideoulougìo ; culturo e lengo vendran servicialo d'uno vesioun toutalitàri, pulèu que dóu rescontre entre ome... Mai es pas liò, eici, pèr n'en parla ! Interèsso au countràri que sus lou fiéu d'aquélis annado "Coumboscuro" descuerb de mai en mai Prouvènço, e Prouvènço de tout endré descuerb "Coumboscuro", e à travès Coumboscuro li valèio prouvençalo d'Itàli.

Li fres e viéu "Roumiage" (roumavage) dins nosto pichoto valèio, li "Travessado" prouvençalo d'à pèd à travès la mountagno, rescontre e councours literàri en nosto lengo, espousicioun... e lou journau "Coumboscuro" e li libre etni e, à cade moumen, la presènci de nòsti jouine tras-frountiero, eila, mounte se ten uno fèsto vo un acamp prouvençau... Tout acò es realita de vuei. E marco sèns relàmbi que la lengo di Troubadour e de Mistral gagno li frountiero e estaco li gènt esluencha, que culturo d'Estat e "clichés" escoulàri de diferènti legislacioun avien dessepara. Belèu l'Éuropo de la gènt es darrié la cairo !

De que faire ?

Mai, em'acò, sian à mand d'entrevèire adeja uno counclusioun ? Noun, segur ! D'en proumié sabèn pancaro se counclusioun de l'aventuro ié sara ; d'en segoundo, se counclusioun eisisto, trop d'aigo i'a encaro au mitan. Assaje de lou dire en quàuqui poun pèr ço que toco l'Itàli :

1. Li lengo prouvençalo di dous pendis dis Aup pèr lou moumen presènton encaro de remarcàbli diferènci leissicalo e fourmalo (mai aqui sian dins la nourmalita) ;

2. Li gouvèr, pres pèr d'àutri proublèmo e regulieramen mesfisant s'en garçon di culturo minouritàri ;

3. Lis istitutour di valèio prouvençalo, au 90% ouriginàri de la plano e estrangié à la mountagno, parlon piemountés vo italian ;

4. Prèisso e mass-media picon di man quouro Prouvènço fai "revival" vo se tencho de naciounalisme irredentisto (veleïtàri) : mai après, tout toumbo dins lou silènci ;

5. Li gènt di valèio, en quau escolo, media, amenistracioun e culturo d'estat an toujour ensigna qu'èron italian, s'enflamon pas talamen pèr soun identita etnico ;

De que faire, alouro ? Fau pas desespera, pulèu :

a. En 1987 l'Unioun Prouvençalo e "Coumboscuro" an presenta publicamen en Itàli la *Carto de Coumboscuro*, proujèt trasfrountalié d'estacamen soucio-culturau di dous pendis prouvençau, que la realisacioun n'en es delegado i dous regioun counfinanto, Piemount e Prouvènço-Aup-Costo d'Azur. La *Carto* venguè pièi presentado en Franço dous cop : lou 15 d'abriéu de 1989 à Gap e lou 6 d'abriéu de 1990 à Barcilouneto d'Ubaia.

b. Encò dóu gouvernamen d'Itàli à Roumo despièi de tèms soun à l'espèro mànti proupousicioun de *Legge di tutela delle minoranze linguistiche*. Que n'en sourtira, quouro ?[1]

Acò d'aqui soun dous poun decisiéu que poudrien chanja un cop pèr tóuti la situacioun.

Lou 8 de juliet passa Mounsegne Jòrgi Franzi, Majourau dóu Felibrige, presicavo en Coumboscuro pèr lou "Roumiage de Prouvènço à la Vierge Adourado", que se tèn lou segound dimenche de juliet, cade an, au nostre. Lousujèt de sa charradisso èro lou Proumié Mistèri Jouious dóu Rousàri : "Ramasso pas tout lou blad, disié Franzi, lis aucèu de l'aire n'an tambèn besoun pèr viéure".

Aquelo fraso me fuguè coume un cop de fouit. Me rapelè à l'istant moun paire, qu'à si tèms me la disié e redisié, sènso s'alassa jamai : "Ramasso ren tout lou bia, lis oucèl de l'aire n'an tambèn besoun pèr vìoure !".

Oh, segur, quàuqui diferènci lenguistico ! Mai biais de lengo emai èime de pensado èron fidèle coume dous degout d'aigo. E n'en resteguère pensatiéu e restounti tout lou tèms !

---

[1] Aquesto lèi es fin finalo estado voutado en nouvèmbre 1991 [F. B.].

LE PROVENÇAL COMME MOYEN DE COMMUNICATION ET LA VIE ECONOMIQUE

Enri FERAUD
Secretàri generau de l'Unioun Prouvençalo

Resumit : *Enri Feraud counsidèro qu'uno lingo es un vertadié mejan de coumunicacien dins la vido ecounoumico que se l'a proun de gènt que la parloun, s'a un estatut óuficiau de valour dins un estat soubeiran, e se viéu dins un ensèn de lingo que li fan pas la coucho. Dis de nàni à la questien de saupre quant de mounde parloun prouvençau, que la respouonso n'en es faussado pèr l'encastre mume que rejito lou prouvençau, l'apichounisse, e lou nègo dins uno poupulacien migranto franchimandejanto. Es pas lou noumbre que comto. Lou prouvençau a pas gié d'estatut en Franço nimai en Itàli. Es coumo s'eisistavo pas. S'atrobo au mitan de l'ensèn dei lingo roumano, ce que poudrié li baia un role impourtant, mai que li fa de mau dins la situacien d'encuei, estènt qu'es pas proun diferènt dóu francés pèr que lou pople prouvençau se lou garde ferme. Mai dins l'amiro de la grando Éuropo, fa besoun de s'apiela sus l'identita regiounalo coumo sourgènt de voio ecounoumico. La culturo regiounalo es un sourgènt de creacien. L'a de signau majour que mouastroun que l'identita lenguistico e culturalo prouvençalo tourno à s'afourti aut e clar, à se liéura dei coustrencho deis estat-nacien. Es uno respelido que vèn.*

Ce thème est ambitieux. Ambitieux pourquoi ? Parce que l'utilisation d'une langue comme moyen de communication dépend de son nombre de locuteurs, de sa fonction de langue officielle d'un ou de plusieurs états souverains, du groupe de langues auquel elle appartient.

Quelle est la situation du provençal par rapport à ces trois critères que nous considérons comme fondamentaux pour qu'une langue soit un moyen de communication vers d'autres peuples ?

Le nombre de locuteurs

En ce qui concerne le provençal, je refuserai toujours de donner un chiffre sur le nombre de locuteurs. L'existence officielle de notre langue provençale ou langue d'oc n'est pas reconnue par la constitution de la République française. Légalement, dans le sens strictement juridique, cette absence de reconnaissance officielle par la constitution fait que notre langue n'a aucun droit. Elle bénéficie seulement de tolérance. Les dispositions législatives la concernant peuvent être supprimées du jour au lendemain.

Faisons un petit rappel historique : Depuis la Révolution et l'Abbé Grégoire jusqu'à la Loi Deixonne dans les années 1950, l'enseignement et l'usage officiel des langues de France autres que le français a été interdit et les gouvernements français qui se sont succédés jusqu'à la seconde moitié du XXè les ont combattues. Ceci au moment où avec le développement des échanges les langues devenaient commerciales. Dans la seconde moitié du XXè siècle, nous sommes entrés dans une période d'hypocrisie. A savoir : les gouvernements, face à l'opinion mondiale, se sont donnés bonne conscience en disant "nous autorisons l'enseignement des langies régionales". Dans la réalité, ils ont continué à les étouffer en basant leur enseignement sur le volontariat. C'est-à-dire, après les avoir rendues vulgaires aux yeux de l'opinion publique, après en avoir banni l'usage dans les échanges économiques, après avoir fait valoir que leur apprentissage n'était d'aucune utilité professionnelle, après les avoir exclues des médias, l'on autorise les enfants, s'ils le désirent, à suivre les cours d'enseignement du provençal, là où il y a un professeur. Et ici je ne m'étendrai pas sur toutes les entraves, autorisées par la loi et les règlements, qui peuvent être faites à cet enseignement, tant dans le primaire que dans le secondaire, si les chefs d'établissements et les responsables au niveau académique ne sont pas favorables à l'enseignement des langues régionales.

En fait, d'une façon plus sournoise, les gouvernements français qui se succèdent maintiennent à ce jour leur opposition à l'enseignement des langues régionales.

Je rappelle que pour nous, Provençaux, la réparation historique que nous demandons est qu'en Provence tous les enfants soient enrichis à l'école de la connaissance de la langue provençale, comme tous les enfants en France sont enrichis à l'école de la connaissance de la langue française.

Du temps que le provençal est pratiquement exclu de l'école, exclu des médias (nous avons droit à une aumône de 30 minutes par semaine sur FR3)[1], la Provence a connu un développement démographique sans précédent historique. Sa population est passée de 2. 415. 000 en 1954 à 4. 260. 000 en 1990, 76% de progression en 35 ans. Cet accroissemen est dû non à un excédent naturel, mais à l'immigration. Notre région, la 3ème de France par sa puissance économique, après l'Ile-de-France et Rhône-Alpes, considérée comme la "Californie française", attire autant les populations de la France du Nord que celle des pays du Maghreb. A cela, il faut ajouter que près de la moitié des rapatriés d'Afrique du Nord sont venus s'implanter en Provence.

Toutes ces personnes ne connaissaient pas et ne connaissent pas le provençal. Quant à leurs enfants, comme nous venons de le voir, ce n'est ni l'école ni les médias qui le leur feront découvrir.

Pendant ce temps, le pouvoir central jacobin continue de mener sa politique de déplacement des fonctionnaires afin de mieux les diriger, car on sait qu'un homme déraciné est plus maniable qu'un homme enraciné. Politique qui est aujour'hui suivie par les grandes entreprises financières, commerciales et industrielles.

---

[1] Si le provençal est présent dans tous les organes de presse écrite régionaux, il n'a droit qu'à une très petite place [F. B.].

C'est pourquoi, face à ce contexte, je me refuse à parler du nombre des locuteurs de langue provençale. Ce ne serait pas significatif. Le faire, c'est se condamner au ghetto, à la réserve d'indiens, à n'être plus qu'un résidu.

Le statut officiel

Nous avons dit qu'une langue de communication doit être langue officielle d'un ou de plusieurs états souverains. Le provençal n'existe pas pour la constitution française[1]. A ce jour, il en est de même pour l'autre état-nation où notre langue est parlée, l'Italie. A quelques nuances près, nous y trouvons la même situation que chez nous. Nous ne disposons donc d'aucun pouvoir politique qui pourrait par les dispositions qu'il prendrait, favoriser l'enseignement du provençal et son utilisation dans la vie publique[2].

L'appartenance à un groupe linguistique

Le groupe linguistique auquel appartient le provençal est celui des langues romanes. C'est à la fois une force et une faiblesse, trois langues romanes étant de grandes langues de communication (français, espagnol, italien). Une force parce que notre langue provençale est un pont entre elles. Elle nous permet donc de nous situer et de nous ouvrir sur ces grandes langues. Une faiblesse, car ne disposant d'aucun pouvoir politique pour la promouvoir, étant au contraire combattue par le pouvoir politique depuis deux siècles, ses locuteurs sont enclins à l'abandonner, d'autant plus facilement qu'elle est proche du français, langue de l'état et de la promotion sociale.

Si nous voulions nous donner de faux espoirs, nous pourrions reprendre les propositions fantaisistes pour son emploi comme langue internationale[3]. Si pour des raisons de neutralité et de non prépondérance d'une langue sur une autre il apparaissait nécessaire de choisir une langue "neutre", la sagesse des peuples latins serait de revenir au latin. Mais là encore c'est une vue de l'esprit.

Nous sommes aujourd'hui dominé linguistiquement par l'anglo-américain, et que nous le voulions ou non, nous ne pouvons faire que ce constat. Contre cet envahissement, nous voyons les défenseurs du français prendre les mêmes arguments que nos précurseurs pour défendre le provençal.

Oui, ce thème est ambitieux car si l'on analyse froidement la situation du provençal, nous avons une langue apparemment en état de résidu. Et ce n'est pas avec un résidu que l'on a un moyen de communication. Si l'on trouve encore

---

1 La révision de la constitution votée le 23 juin 1992 en France dans le contexte des accords européens de Maastricht introduit subrepticement la mention du français comme "langue de la République" (statut qu'il n'avait pas jusqu'alors) et ne mentione pas les langues régionales. Les contraintes juridiuques que cette modification amène, risquant d'empêcher d'éventuelles lois de reconnaissance officielle des langues de France autres que le français, ont provoqué une vive inquiétude chez les Français ayant la fibre régionaliste, et des réactions officielles de nombreux mouvements, dont l'Union Provençale [Ph. B.].

2 Le Conseil régional de Provence n'est pas habilité à prendre ce genre de mesure, malgré la volonté clairement exprimée par son Président "d'institutionnaliser le provençal".

3 Proposition notamment faite à Mistral par l'officier italien Carlo Alberto Rovere en 1888 [Ph. B.].

quelques familles où il est donné à l'enfant d'apprendre dès sa naissance notre langue, ces quelques familles ne sont plus qu'un résidu. Si l'on trouve quelques cas où deux locuteurs de ce résidu parlant et écrivant le provençal vont échanger soit par lettre, soit par télex, soit par télécopie, des messages en provençal, on ne pourra pas dire que le provençal est réellement une langue de communication dans les échanges commerciaux : face aux millions de correspondances en français, leur acte n'est que le témoin d'une langue qui meurt.

Voilà des propos bien pesimistes, allez-vous me dire. Oui si l'on veut parler du provençal comme langue de communication dans les échanges commerciaux aujour'hui.

La vie économique

En même temps que l'on constate que la situation de la langue provençale comme langue vivante est de plus en plus difficile, il apparaît une résurgence de l'enracinement. Comme preuve, je citerai des faits concrets :

- Le nombre de communes mettant les panneaux d'entrée de leur agglomération en provençal à côté du français. Il croît régulièrement. Il est le signe d'une volonté d'affirmation de leur provençalité par une partie de plus en plus importante et influente des populations de ces communes.
- Le nombre de plus en plus important des manifestations populaires provençales, mettant en avant le caractère d'une cité, d'un pays, comme les fêtes provençales d'Avignon ou les multiples fêtes traditionnelles.
- L'audience également grandissante des "Sèt Jour pèr Prouvènço" lancés par l'Unioun Prouvençalo, qui, pendant une semaine, au mois de mars, fait que dans tous les pays provençaux, des Saintes-Marie à Briançon, il y a des manifestations mettant en avant notre identité provençale pour montrer qu'elle est vivante sur tout son territoire.
- Le nombre croissant des cours de provençal donné pour les adultes et pour les enfants, cours qui répondent à une demande en développement ; et la croissance des autres manifestations culturelles : théâtre, chanson, presse en langue provençale, livres, etc.

Ces signes pour nous sont fondamentaux. Ils sont la preuve que la conscience linguistique et culturelle du pays demeure, et cette conscience a un rôle primordial à jouer en matière économique.

Nous autres Provençaux, nous avons opté pour l'enracinement. Une économie favorisant l'enracinement ne vous sera jamais donnée par un pouvoir extérieur. Vous la gagnerez par votre volonté de faire prospérer le pays où vous êtes né ou que vous avez adopté. Pour cela, vous devez posséder certaines qualités : Connaître ce pays pour l'aimer, connaître son âme (c'est-à-dire sa langue dont toute la beauté éclate dans les oeuvres de ses poètes), connaître son identité (c'est-à-dire ses moeurs et ses coutumes qui lui donnent sa personnalité), connaître son histoire (c'est-à-dire le souffle de liberté et d'entreprise qui l'habite), connaître sa géographie (pour distinguer les différences de ses composants et les liens qui les unissent), savoir situer ce pays dans le monde (connaître ses relations avec les pays qui l'entourent), c'est-à-dire appliquer à l'échelle de son pays le "connais-toi toi-même" de Socrate.

La connaissance de votre pays, au lieu de vous replier sur vous même, comme voudrait nous le faire croire un certain esprit parisien méprisant tout ce qui ne vient pas de lui, vous ouvre sur l'extérieur en vous faisant découvrir, comme le remarque R. Lafont, qu'il est un poumon qui respire : il reçoit, et il donne. Vous n'êtes plus la Provence, cette région marginale à l'extrême sud-est de la France, "tout là-bas au fond de la province" comme dit une chanson parisienne ; vous êtes la Provence, l'un des pays qui composent l'Europe, l'un des maillons de l'Europe latine.

Vous découvrez que vous êtes à la croisée des chemins de Compostelle à Rome avec celui des terres walonnes et rhénanes vers la Méditerranée.

Il est maintenant facile de découvrir l'importance de la langue provençale, l'un des fleurons de la "rebelle langue d'oc". Elle ouvre à tous nos frères d'oc. Et voilà que revient dans votre mémoire la *Coupo Santo* qui nous vient des Catalans. Et voilà que notre langue langue s'unit au français pour donner son nom à nos voisins du nord-Dauphiné, de Savoie, de tout le domaine burgonde, la langue franco-provençale. A l'est, sur l'autre versant des Alpes, là où vivent nos compatriotes de la *Minouranço prouvençalo d'Itàli*, quand s'estompent les montagnes vers la vaste plaine du Pô, provençal et piémontais viennent se marier pour notre grande joie de voir les linguistes se quereller pour savoir si le piémontais est gallo-roman ou dialecte de l'italien. Puis, plus bas, sur la côte, voilà que nous apprenons là où, après Menton, les linguistes nous avait dit que commençait le parler ligure, que des hommes de Ventimille et de la vallée de la Nervia prennent la parole pour dire : "les linguistes se sont trompés, notre parler est d'oc", car en fait tout est continuité dans notre réseau roman où il n'y a peut-être jamais de confins.

Si le calendrier de la C.E.E. est tenu, les dernières entraves douanières vont s'effacer en 1993. Les tendances autarciques qu'ont connu les états-nations vont disparaître. Il est important qu'à ce moment historique les Provençaux aient une conscience de leur langue et de leur culture provençales. Car l'identité régionale est un atout majeur de réussite économique dans l'optique de la diversification accentuée des activités. En 1993, avec la libre circulation des hommes, des capitaux, des marchandises, et l'harmonisation fiscale, notre Europe occidentale va devenir, dans un contexte scientifique et technique différent certes, un espace non morcellé par des frontières. Dans cette Europe naturelle, notre langue provençale nous donne le sens de la vocation de notre pays provençal : être le centre de gravité de l'Europe latine.

Déjà, progressivement, nous avons psychologiquement supprimé la frontière imposée par les états-nations qui nous sépare de nos compatriotes de la *Minouranço prouvençalo d'Itàli.* Suite à la loi de décentralisation de 1981-82, qui a reconnu comme collectivité territoriale de plein exercice les régions françaises et a autorisé les régions frontalières à passer des accords avec les régions des états voisins qui les bordent, nous avons préparé une charte dite en provençal *Carto de Coumboscuro*. Il s'agit d'un projet d'accord transfrontalier entre la région Piémont et la région Provence-Alpes-Côte d'Azur, concernant les vallées provençales des deux versants des Alpes. Si ce projet d'accord est signé, il favorisera les échanges entre les deux Provence tant dans les domaines linguistique et culturel qu'économique. Tel est le pas que nous avons fait pour une Europe *sènso que ges de barriero poulitico ié porte empacho* [1].

Langue et pouvoir créateur

Notre langue, facteur majeur de notre culture, est la conscience de la Provence qui lui permet d'être libre, de ne pas être dépendante du centre culturel dominateur qu'est Paris, mais d'être un propre centre créateur. Savoir que l'on est un centre créateur grâce à son identité, voilà la base sur laquelle surgit et surgira notre énergie, notre volonté, notre esprit d'initiative pour le développement de la Provence et de l'Europe. Ces bases sont celles que protègent tous les états souverains.

Quand les compétences de son pouvoir régional seront élargies, la Provence, par son identité, soutenue par la *lengo nostro*, disposera d'un terroir prêt pour favoriser l'enracinement dynamique des Provençaux dans leur pays.

N'est-elle pas déjà un signe prémonitoire la venue ici, à Maillane, après le vote de la loi de décentralisation, du Président du Conseil Régional Michel Pezet, pour dire dans la maison du héros de notre patrie, Frédéric Mistral, que la Provence venait de retrouver son identité ? Et que son succeseur, Jean-Claude Gaudin, ait foit un geste similaire en jouant dans le terroir maillanais, en provençal, la pastorale ?

La langue provençale, on croirait qu'elle est morte, mais je la sais vivante pour jouer son rôle dans le réseau des langues romanes, et chanter avec ses soeurs romanes l'hymne de Frédéric Mistral "à la Race latine" :

Aubouro-te, raço latino,
Souto la capo dóu soulèu,
Lou rasin brun boui dins la tino,
Lou vin de Diéu gisclara lèu.

---

[1] "Sans qu'aucune barrière politique ne la limite".

PROUBLÈMO E METODO DE L'ÓUSSERVACIEN DEI LINGO DINS L'AMIRO DEI POULITICO LENGUISTICO

Felipe BLANCHET
Universita de Nauto-Bretagno
& Óusservatòri lenguisti

Résumé *: Cet article insiste sur la position centrale de la langue comme phénomène social et politique, comme indicateur du degré de démocratie d'une société. Il rappelle la position linguistique, géographique et historique du provençal au carrefour de la Romania, le rôle qu'il peut donc jouer pour l'Europe, et notamment l'action de F. Mistral comme promoteur de la latinité, d'une Europe fédérée, et des langues régionales. Il montre que la vision monolithique des langues entretenue par nos habitudes politico-culturelles centralistes et dominantes est fortement erronée. La réalité des langues est beaucoup plus complexe, souple et mouvante. Il propose de rendre les langues à la démocratie : formation des locuteurs, droit des locuteurs à disposer de leur idiome, politiques linguistiques fondées sur une observation plus juste des faits et inspirées par les Droits de la Personne. Il présente le concept de réseau linguistique et la philosophie qui le sous-tend, ses avantages en termes de politique linguistique européenne, et d'avenir de l'Europe, même sur le plan économique. Il rappelle que le provençal est beaucoup plus vivant que certains ne le disent, et donc correspond aussi à une volonté importante du peuple provençal. Enfin, il émet quelques propositions d'actions européennes : reconnaissance officielle de l'importance de toutes les mailles des réseaux linguistiques (réseaux roman, germanique, slave, etc.), promotion du multilinguisme précoce à partir des langues régionales afin de développer les capacités linguistiques des enfants, choix linguistiques posés en terme de réseaux et nom de langue isolée, incluant une rencontre de plusieurs idiomes du réseau, orientés vers un trilinguisme langue locale / langue étatique / autre langue véhiculaire européenne sur au moins deux réseaux.*

Sian eici, à Maiano, pèr assaja de reflechi à un autre biais, un biais nouvèu, de regarda lei lingo deis ome, e magimen de prene pèr eisèmple e coumo matèri d'analiso lei parla rouman dóu relarg mieterran. Mai se voulèn qu'acò siegue fa scientificamen, nous empacho pas, tout lou countràri, d'avé pèr amiro la vido vidanto. Sian pas d'aquelo meno de cercaire e d'inteleituau pounchu que juegoun 'mé lou sabé asseta sus soun radassié vo embarra dins sei labouratòri.

La lingo, v'avèn di, es au couar de la vido soucialo[1]. Tout ce qu'arrivo dins la vido d'uno persouno, d'uno famiho, d'uno chuermo de gènt o d'uno soucieta

[1] Vèire lou voulume qu'ai beileja pèr lei *Cahiers de l'Institut de Linguistique de Louvain* e que lou titre n'es *Diversité linguistique, idéologie, et pluralisme démocratique* (n° 18, 1992).

entiero passo de tras lou lengàgi, e subretout aquelo partido majo dóu lengàgi qu'es la lingo, lou parla. Regardaren dounco lou parla coumo 'no cavo d'en proumié soucialo, poulitico, vivènto. Faren d'analiso emé lou mai de rigour necito e poussiblo, tant que poudren, mai dins l'amiro de n'arriba à de decisien e d'acien dins nouàstei soucieta ; e sachènt clar que tout ce que dian e ce que fèn à prepaus dóu lengàgi toco la soucieta e soun founciounamen en entié, toco tout lou mounde.

L'Éuropo va si faire. Au poun que li sian, m'estounarié que cabussèsse e que faguèsse chi. Avèn aquesto chanço d'aqui, subre-bello, d'èstre en trin de vèire e de viéure la neissènci d'un estat nòu que li sian en plen dedins. E pèr un còup, bessai lou proumié, sara au men en partido basti d'un biais demoucrati. Vaqui l'escasènço, segu, dóu tèms qu'es en trin d'èstre farga, de si faire auvi. De partecipa. De dire nouaste vejaire, e de buta à la rodo pèr qu'aquel estat nouvelàri s'aplante pas dins lei leco, lei fauto e lei couiounado deis estat-nacien d'encuei e dóu passat.

Dins aquel encastre, es un gros avantàgi d'èstre eici, à Maiano. Proumié, es un endré mai que mai impourtant coumo eisèmple e coumo simbèu dóu couiounùgi dei poulitico lenguistico qu'escrachoun d'ùnei parla, en cresènt que l'unifourmisacien lenguistico es uno bouano cavo. Eisèmple couiènt e pougnènt, estènt que sian dins un païs, la Prouvènço, que sa lingo es couchado, esquintado em'enebido au noum dóu centralisme e de l'esnoubisme parisen, qu'es bessai l'un dei pu piègi d'Éuropo e dóu mounde. Aquesto lingo, pamens, subreviéu e si capito eimado, counouissudo, e recounouissudo dins un mouloun de païs. Sa valour umano e culturalo, es pu gaire besoun de la demoustra, coumo d'aiours duourié toumba lou cas pèr tóuti lei parla dóu mounde. E justamen, es tambèn un eisèmple bravamen bèu, espantant, e diriéu quàsi rassegurant : d'aquèstou vilàgi es vengu Mistral, vertadié eros naciounau de la Prouvènço, qu'a sachu au còup si dreissa contro lei poudé e reclama bèn aut lei dre de tóuti e de cadun au respèt de sa lingo e de sa culturo, emai crea uno obro literàri e lenguistico internaciounalamen amirado, touto en prouvençau. Mai que tout, encuei, es lou Mistral lenguisto que rapelarai. Emai la lenguistico scientifico siguèsse pancaro estado foundado à soun epoco, e s'estènt fourma soulet à la filoulougìo, Mistral avié de segu un brave nas. Sa vesien dei lingo, proun mouderno pèr lou tèms, es fouaço pròchi de la dei lenguisto mouderne, e, mai que tout, de nautre, acampa à l'Óusservatòri lenguisti. Avié puèi sachu tambèn presta la man ei pople rouman, e vèire l'eisistènci d'uno coumunauta latino dempuèi la Roumanìo fìncou lou Pourtugau, qu'éu li dihié "la Raço Latino". Es aquelo coumunauta que, coumo éu avié pouscu l'enaussa, n'en sian aro en bousco, pèr moustra coumo pòu sarvi pèr basti l'Éuropo.

Mai la Prouvènço es puèi un endré bèn chausi pèr uno autro resoun, couplementàri : sa pousicien geougrafico. Sus la carto, sian en plen au mitan dei païs rouman, sus la vièio routo latino que travessavo l'Empèri rouman dóu pounènt au levant. E pèr lei carateristico lenguistico dóu prouvençau, proun de lenguisto n'an parla coumo d'un caire-fourc entre lei lingo roumano[1]. Lei filoulogue dóu siècle passa, emai si troumpèssoun, l'avien ja sentu e si cresien que lou vièi prouvençau èro la lingo maire de tóuti lei parla rouman.

[1] Cf. pèr eisèmple "La langue d'oc, carrefour des langues romanes" de G. Rohlfs, dins la *Revue de linguistique romane*, 1964, 109/110, pp. 95-102.

Lou proublèmo de la chifro "un"

De tóuti lei proublèmo rescountra pèr lei lenguisto, lou mai foundamentau, e l'un dei mai impourtant, es aquéu de la chifro "un". D'efèt, tout lou mounde a l'abitudo de si figura lei lingo coumo de cavo bèn establido, emé de raro claramen marcado, e un countengut eisadamen recounouissable. Tout lou mounde saup ce qu'es un mot, uno letro, uno lingo. E pamens, imaginas-vous un pau que lei gènt que cèrcoun d'óusserva estrechamen lei lingo soun proun entrepacha : an bèn de mau à destria un mot de dous, à toumba d'acouàrdi sus de qu'es uno diftongo (un soun vo dous ?), e comtoun pas leis elemen deis escrituro en letro, que douas letro, de fes, n'en soun qu'uno. Parlen pas dei noucien de lingo e dialèite, que si picarien sus lou mourre. Aquelo tubo !

Lei cavo soun pas tant simplo que si crèi à l'acoustumado, e de lei presenta coumo estènt simplo e seguro escoundc à tóuti lei còup de chausido poulitico. Es pu facile de faire encrèire que lou prouvençau es un "patouas" e que lou francés pounchu dei richas de Paris es lou meiou se presentas de critèri de jujamen censamen establi e óuficiau. Fòu dire que l'escolo e lou biais de vèire óuficiau d'istitucien gouvernamentalo e parisenco coumo l'Academié franceso, pèr eisèmple, soun respounsablo d'aquéli mussonjo, e d'autant mai que soun tras qu'eficaço.

Pèr si leva de la cougourdo tout aquéu biais de vèire lou parla que li an fa rintra, e tourna trouba un vertadié regard critique, auren un gros travai. La lenguistico e lou bouon sen nous dounoun pamens de signau pèr faire avans.

Cadun pòu vèire facilamen que qunto lingo que siegue, que que si digue, es jamai uno cano lisco dreche e unenco, proun diferènto de l'autro lingo, l'autro cano que crèisse de l'autro coustat de la frountiero (poulitico). Degun parlo coumo soun vesin. La dialeitoulougìo nous fa vèire que lei varianto lenguistico soun jamai desseparado brutalamen, e que si passo jamai d'un còup d'un parla à un parla netamen diferènt en chanjant de vilàgi, quouro s'agisse de parla d'uno mumo famiho. En Prouvènço, pèr eisèmple, l'a pas d'un coustat lou parla dóu Rose, e subran de l'autre coustat d'uno rego lou prouvençau de la mar. Tout acò chanjo plan-plan, endré à cha endré ; cade vilàgi a quàuquei nouvèllei particulareta, e fòu coumpara d'endré proun aluencha pèr que la diferènci si vegue bèn.

En realita, lou lengàgi parla es un teissut estendu sus la boulo dóu mounde, e chasco maio es fouaço pròchi dei maio vesino, e li douno bravamen d'èr, au dintre de cade maiun. Mai pèr counsidera aquèstou maiun, fòu que sei maio siegoun vivènto. Senoun, entre lei maio favourisado e meso au lume, coumo pèr eisèmple lou parla de Paris, lou de Flourènço e lou de Madrid, l'aura rèn qu'un gros trau, un vueide qu'empacho de camina de l'un à l'autre. E alor estiroun aquélei maio favourisado pèr tapa lei trau, o pulèu pèr estoufa lei maio dessouto. Fin finalo lei maio que soun au toco toco soun proun diferènto pèr empacha la coumprenènço, bord qu'es de maio qu'à la debuto èroun proun aluenchado.

L'a cènt an d'acò, que tóuti lei parla rouman èroun viéu e gaiard, quaucun aurié pouscu ana dei Barcan au Pourtugau em'en Walounìo en coumprenènt toujou lou mounde. L'aurié simplamen basta de s'arresta proun tèms dins cade endré pèr s'asata ei pichoúnei nouvèuta loucalo. Dins lou maiun rouman, poudèn tóuti si coumprene e si parla, à leva bessai d'aquéli que charroun rèn que lou francés (o rèn qu'uno autro lingo d'oi, mai duou plus l'agué degun dins aquéu cas), qu'es la souleto lingo roumano de l'uba, fouaço mudado e fouaço diferènto deis àutrei. Avèn just e just besoun de rescountra lou mai poussible de maio, e n'en rescountraren facilamen que se d'un coustat, soun vivènto, e de l'autre coustat, justamen perqué soun vivènto, se nouasto identita es fouarto e seguro. Que sènso identita seguro e respetado, pas amenaçado, lei gènt s'embarroun dins soun cruvèu : an pòu de si delega au rescontre d'identita fouarto.

Acò vòu dire tambèn que de cerca lei limito d'uno lingo, o de coumta lei lingo, es uno absurdeta, s'es fa dóu de visto escassamen esquicha eis estruturo lenguistico proupramen dicho au dintre de cade parla. Dire "aquélei douas lingo n'en soun qu'uno" o "soun de dialèite de la mumo lingo" sènso s'entreva de coumo soun counsiderado pèr lei gènt que lei vìvoun, es uno bestiso. Sèmpre que mai lei lenguisto, e nautre parié à l'Óusservatòri lenguisti, sian counsciènt que lei limito baiado en uno lingo soun poulitico e jamai "naturalo". Sian justamen entrin, emé lou proufessour Dalby, que n'es lou creatour e lou respounsable, de metre au poun un repertòri infourmatisa dei parla dóu mounde que si foundo sus d'aquéu biais de regarda lei lingo. Avèn fouaço travaia sus lou relarg rouman, e n'en sian à quàuquei centenau de groupe de parla, destria segoun de critèri nouvèu, que respètoun en particulié l'idèio de maiun lenguisti e mai que tout la realita viscudo e espremido pèr lei gènt que parloun aquèstei parla[1].

Uno provo interessanto de l'eisistènci councreto dóu maiun lenguisti que lou prouvençau l'es au dedins (dei parla d'Itàli ei parla d'Espagno en passant pèr aquélei de Gascougno o de Savoio), l'avèn emé lou *figoun*, meno de mescladisso entre parla ligourian e prouvençau que si parlavo fìncou la debuto dóu siècle nouastre dins quàuquei vilàgi dóu païs grassen e nissart[2].

Uno autro provo n'es la *lingua franca*, lou *sabir*, à baso roumano emé d'enfluènci aràbi e turco, qu'èro parla un pau d'en pertout dins lei port de la Mieterragno fìncou lou siècle XIX.

Vers l'uba, que duvèn pas l'óublida, lei parla rouman s'espandissoun en teissut prougressiéu. Lou gavouot a ja de particulareta que lou raprochoun dei parla rouman setentriounau. Lou *francò-prouvençau*, pèr emplega lou noum bastard e mauvisc que lei lenguisto l'an mes à-n-aquèstou groupe de parla, es un bèl eisèmple dóu passàgi maio après maio dei parla rouman miejournau coumo lou prouvençau ei parla d'oi coumo lou bourguignoun e lou francés.

Lei dialeitoulougisto, sèmpre que mai, cercoun de biais de retipa la realita diverso d'aquéu maiun coumo l'ai descri. Recentamen, Enri Guiter a prepausa de caneja lei raport dialeitau en dessinant à parti dei carto e dei poun d'enquisto deis atlas lenguisti de triangle que dounoun bravamen d'èr ei maio coumo lei councebèn à l'Óusservatòri lenguisti[3]. Crèsi puèi que sian dins la bouano draio.

---

[1] Vèire l'article de David Dalby dins lou numerò dei *CILL* (18, 1992) qu'ai beileja.

[2] Vèire ce que n'en dien J. Ronjat, *GIPPM*, t. 1, pp. 23-24 e P. Roux "Parler manégasque et moussenc" in *Actes du 3è colloque de langues dialectales*, Monaco, 1978, pp. 89-98.

[3] Vèire H. Guiter "Le sillon rhodanien" pèr parèisse dins leis *Ate dóu 3en coungrès de l'AIEO*, Avoust 1990, Universita de Mountpelié.

De poulitico lenguistico novo

Tout acò nous adué à counsidera que sus aquélei baso novo, duvèn mena de poulitico lenguistico novo :

- Proumié, *fòu assouludamen arresta de faire de mau à qùntou parla que siegue*. Soun tóuti impourtant parié pèr que l'Éuropo siegue un teissut riche e coumplet de coumunicacien. Lei poulitico de nequerimen e d'escrachamen dei parla juja marrit o inutile soun un poulucien : tuioun la vegetacien lenguistico en escampant d'idèio, de lèi, d'ate, que soun de vertadiero salouparié. Crèsi pas d'eisagera en diant qu'encuei lou maiun dei parla rouman, sus la couasto franceso, es dins un estamen tout parié à-n-aquéu de la mar nouastro, gaire poulit, pulèu pourrit.

Tant l'Éuropo duoura permetre à cade parla de recoubra sa plaço proumiero dins la vido vidanto.

- Fourra puèi que lei gènt, à luego de s'embarra dins uno lingo souleto, *parlèssoun tóuti au mens tres parla* (la maio siéuno, lou parla generau de soun caire de l'Éuropo, e un parla d'un autre maiun). La majo part deis Éuroupen si rènde pas comte, e subretout en Franço, que raport eis àutrei ròdou dins lou mounde, sian d'endeca lenguisti. Le grosso majourita deis èsse uman parlo douas, tres, quatre lingo, e souvèntei-còup dins de païs que li soun paure e que van gaire à l'escolo. D'aiours, lou multilenguisme dóu brès es lou meiou biais de desvouloupa lei capacita lenguistico dei pichoun. Va fòu bèn coustata : à respèt deis àutrei, leis Éuroupen, e lei Francés en particulié, valoun pas 'no peto de cabro pèr l'aprendissàgi dei lingo. E mume après d'annado d'anglés o d'espagnòu à l'escolo, quant n'a que soun puèi capable de coumunica dins aquèsyei parla ? Acò's la resulto d'uno poulitico dessenado d'unilenguisme dempuèi au pu pichoun dous siècle en Franço. *Parlèssoun tóuti soun parla loucau, lei Francés parlarien bèn miés e bèn mai anglés, italian, o alemand.*

- Tant fourrié pas ensigna eis escolo que lei gràndei lingo naciounalo o internaciounalo. *Leis escoulan duvoun rescountra e aprene tambèn de parla loucu, e pulèu aquéli dóu maiun siéu.* Fòu dounco councebre lei chausido lenguistico, pèr l'aprendissàgi, en terme de maiun. Lou miés sarié de counouisse de parla de chasque maiun dÉuropo (lei principau soun lou rouman, lou germani e l'esclavoun). Dins l'ensignamen, e dins lou superiour en particulié, acò poudrié èstre acoumpagna de *prougramo alesti autour d'un maiun lenguisti pulèu que d'uno lingo souleto.* Es d'aiours en trin de si faire à l'Universita de Prouvènço.

- Fin finalo n'arrivan au proublèmo founs de tout aquel afaire, un proublèmo de filousoufìo, o d'etico, se voulès. Se voulèn basti uno Éuropo realamen democratico, foundado subre lei Dre de la Persouno, acò duourié si vèire en plen dins lou relarg dei poulitico lenguistico. Es aqui qu'avèn un dei meious indicatour, coumo dien lei soucioulougisto, dóu degrat de democracìo founso d'uno soucieta. Si vis coumo lou nas au mitan de la figuro : *se lou parla de cadun es respeta, e se lei decisien de poulitico lenguistico soun preso emé l'acouàrdi e l'avis dei poupulacien, avèn un sistèmo democrati.* Senoun, sara pas miés que ce qu'avèn aro, uno meno de demoucracìo superficialo qu'escounde un ditaturo lenguistico.

Lei poudé an toujou assaja de limita la diverseta, de countourroula e de rebufa lou raport emé l'Autre, pèr afourti sa puissanço. Soun bèn capable d'alesti de poulitico que faran coumo s'aparavoun e se recounouissien lei parla "regiounau" o "minouritàri", mai que chanjaran rèn veraiamen. Nous l'an ja fa ! D'uno, es un aganto-couioun que basto pas. Duvèn pas li pita coumo de niais. Aquélei parla an pas d'agué un estatut especiau, coumo d'indian dins uno reservo, de besougno dins un museon, o de fada dins un asilo. Duvoun agué *lou mume estatut que leis àutrei lingo de la coumunauta.* De mai, l'a que de sabentas qu'an lou dre de douna soun idèio aqui dessus ; demandoun pas soun avis ei gènt que parloun aquèstei lingo. Vaqui perqué soun bèn capable de nega lou piemountés dins l'italian, lou gallò dins lou francés, lou leounés dins l'asturian, e lou prouvençau dins l'óucitan...

Es estounant de vèire quant lei poulitico éuroupenco mancoun de vesien gloubalo e de couërènci aqui dessus. S'agisse pamens pas de courregi un tìtou de tèms en tèms, mai de basti uno poulitico novo que regardarié lei lingo d'aquéu biais nouvèu, que tout parla li aurié soun impourtanço. Senoun, l'Éuropo sara qu'un moustras d'estat-nacien centrau de mai, eisistara pas veraiamen, e sara pas un prougrès. Alor lei mandaren pinta de gàbi. Mai duvèn si boulega, e pas manca l'empento.

Parla loucau em' ecounoumìo

Mume se restan à-n-un nivèu bassamen ecounoumi, de rentabilita, lou regiounalisme es de souveta pèr douas resoun : Proumié, leis ecounoumisto soun quàsi tóuti d'acouàrdi emé ce que li dien *la teourìo de l'avantàgi coumparatiéu* que dis que dins un sistèmo d'escàmbi entre estat, marcho miés se cadun desvouloupo sei coumpetènci propro en coumplemènt emé leis àutrei, que se cadun cerco l'autarcìo e vòu tout proudurre en councurrènci. Descentralisa, es diversifica, e diversifica ajudo à la reüssido ecounoumico. Si parlo aro justamen de diversificacien d'en pertout. Se la diversita es souvetado ecounoumicamen, l'es tambèn culturalamen, d'un biais couërènt, e perqué ecounoumìo vai pas sènso culturo. Segound, avèn de provo d'en pertout que n'en sian au moumen qu'es pu poussible de pas descentralisa: mume la Franço a decida de descentralisa ! Lei païs lei mai desvouloupa (ecounoumicamen), n'arrivoun à uno ecounoumìo dei servìci, necessarimen estrechamen asata à de besoun divers, à la vèndo de saupre-faire pulèu que de proudu feni. Si vis jusquo dins l'educacien de baso dei ciéutadan, à l'escolo, ounte lou desvouloupamen dei saupre-faire de cadun a remplaça l'empassamen de counouissènci encicloupedico touto facho.

Lei particulareta culturalo (lenguistico) duvoun dounco èstre encourajado, pèr proumòure lou nouvelun ecounoumi, que mai de diferènci vòu dire mai d'idèio, mai de sourço, mai de nouvèuta e de prougrès. Tambèn mai de clièn pèr de proudu miés asata à sei besoun, à luego d'un gros marcat de masso que s'anequelisse. D'estùdi serious an moustra que la diversita lenguistico, fin finalo, coustavo mens chièr e marchavo miés que l'uniceta. E lei lingo regiounalo an soun role à li juga, estènt que soun la foundamento dei capacita plurilengo d'uno persouno, e tambèn de pouont impourtant pèr coumunica entre lingo pròchi dins la mumo famiho (prouvençau-ligourian, pèr eisèmple). Leis istitucien éuroupenco, e subretout lou Counsèu de l'Europo, an mant un còup rapela que l'Europo poudrié marcha (ecounoumlicamen) qu'à coundicien que leis Estat mèmbre respetèssoun sei propro mèmbre en soun dintre. Se lou proujèt de lèi d'aparamen de culturo regiounalo voutado pèr lou Parlamen Euroupen en 1987 es aplica, va falé chanja bravamen l'ourganisacien de la Françو !

Mai councretamen, l'identita es un atous pèr atraire de touristo en bousco de païs verai e noun plus de subre-marcat de tourisme de pacoutiho. En retour, aparo lou païs e soun pople contro l'unifourmisacien que lou tourisme adué. Es un atous tambèn pèr atraire d'entrepreso e de capitau que prefèroun toujou de gènt qu'an de caratère que de mouligas.

Lou cas dóu prouvençau

Pèr acaba, manden un còup d'uei au prouvençau. Dins lou doumèni de la scièncí lenguistico, es gaire bèu : coumo fouaço parla rejita, es mau counouissu, mau recounouissu, e poudèn liegi à soun sujèt de bestiso espantanto un pau dins tóuti leis oubràgi lenguisti, e en particulié aquélei que s'entrèvoun de classifica e de coumpara lei lingo[1]. Lou prouvençau es uno lingo à despart, vougudo em'identificado pèr lei Prouvençau. *Es pas d'óucitan* se n'en cresèn lei Prouvençau. Pèr ce que toco lei partido un pau marginalo mounte si parlo "prouvençau", coumo lou Dóufinat miejournau, lou païs vidourlen, lou païs nissart, lei valèio d'Itàli, basto de demanda ei gènt de l'endré se sa lingo es de prouvençau, e se voualoun si li jougne pèr basti ensèn un avenidou.

Si dis e s'escriéu peréu que lei lingo regiounalo soun quàsi mouarto, que plus degun lei parlo. Es faus. Es de mussounjo que lei centralisto fan courre, e talamen bèn que mume lei gènt councerni fenissoun pèr va crèire. Proumié sabèn que l'a pau plus pau mens 25 % de Prouvençau que parloun prouvençau tóuti lei jou (lei parlaire "atiéu" dei soucioulenguisto) e quàsi 30 % de mai de "parlaire passiéu", valènt-à-dire que saboun proun la lingo pèr la coumprene eisa e que tant poudrien lèu la parla de bouon. Acò fai mai de la mita. Mai d'un milioun de persouno. Tóuti leis enquisto va provoun[2]. Segoundamen, la valour soucialo d'uno lingo si mesuro pas qu'à soun noumbre de parlaire. N'a fouaço que parloun pas la lingo, tout simplamen perqué sei gènt l'an pas apres o perqué sa vido l'a douna l'abitudo de plus la parla, mai que voudrien, e subretout que li rèstoun fourtamen estaca. L'a proun signau que mouastroun la respelido de l'identita prouvençalo, e de la lingo coumo elemen majour d'aquesto identita. Lou prouvençau recoubro pichoun à pichoun de pousicien soucialo que l'avien levado dempuèi loungtèms.

Es dounco pas tròu tard, mume se fòu faire lèu. Avèn tant de bouànei resoun de faire uno Éuropo respetouso dei parla loucau, que sarié uno vergougno se capitavian pas. A l'obro !

---

[1] Vèire ma counferènci facho pèr lou groupe de toco dóu FNRS bèuge "épistémologie du comparatisme" à Louvain en 1991, pèr parèisse ei publicacien lenguistico de l'universita de Louvain.

[2] Vèire moun libre *Le provençal, essai de description sociolinguistique et différentielle*, Publications Linguistique de l'Université de Louvain, Peeters, 1992.

BCILL 6: **HANART M.**, *Les littératures dialectales de la Belgique romane: Guide bibliographique*, 96 pp., 1976 (2e tirage, corrigé de CD 12). Prix: 340,- FB.
En ce moment où les littératures connexes suscitent un regain d'intérêt indéniable, ce livre rassemble une somme d'informations sur les productions littéraires wallonnes, mais aussi picardes et lorraines. Y sont également considérés des domaines annexes comme la linguistique dialectale et l'ethnographie.

BCILL 7: *Hethitica II,* **éd. JUCQUOIS G. et LEBRUN R.,** avec la collaboration de DEVLAMMINCK B., II-159 pp., 1977, Prix: 480,- FB.
Cinq ans après *Hethitica I* publié à la Faculté de Philosophie et Lettres de l'Université de Louvain, quelques hittitologues belges et étrangers fournissent une dizaine de contributions dans les domaines de la linguistique anatolienne et des cultures qui s'y rattachent.

BCILL 8: **JUCQUOIS G. et DEVLAMMINCK B.,** *Compléments aux dictionnaires étymologiques du grec.* Tome I: A-K, II-121 pp., 1977. Prix: 380,- FB.
Le *Dictionnaire étymologique de la langue grecque* du regretté CHANTRAINE P. est déjà devenu, avant la fin de sa parution, un classique indispensable pour les hellénistes. Il a fait l'objet de nombreux comptes rendus, dont il a semblé intéressant de regrouper l'essentiel en un volume. C'est le but que poursuivent ces *Compléments aux dictionnaires étymologiques du grec.*

BCILL 9: **DEVLAMMINCK B. et JUCQUOIS G.,** *Compléments aux dictionnaires étymologiques du gothique.* Tome I: A-F, II-123 pp., 1977. Prix: 380,- FB.
Le principal dictionnaire étymologique du gothique, celui de Feist, date dans ses dernières éditions de près de 40 ans. En attendant une refonte de l'œuvre qui incorporerait les données récentes, ces compléments donnent l'essentiel de la littérature publiée sur ce sujet.

BCILL 10: **VERDOODT A.,** *Les problèmes des groupes linguistiques en Belgique: Introduction à la bibliographie et guide pour la recherche*, 235 pp., 1977 (réédition de CD 1). Prix: 590,- FB.
Un «trend-report» de 2.000 livres et articles relatifs aux problèmes socio-linguistiques belges. L'auteur, qui a obtenu l'aide de nombreux spécialistes, a notamment dépouillé les catalogues par matière des bibliothèques universitaires, les principales revues belges et les périodiques sociologiques et linguistiques de classe internationale.

BCILL 11: **RAISON J. et POPE M.,** *Index transnuméré du linéaire A,* 333 pp., 1977. Prix: 840,- FB.
Cet ouvrage est la suite, antérieurement promise, de RAISON-POPE, Index du linéaire A, Rome 1971. A l'introduction près (et aux dessins des «mots»), il en reprend entièrement le contenu et constitue de ce fait une édition nouvelle, corrigée sur les originaux en 1974-76 et augmentée des textes récemment publiés d'Arkhanès, Knossos, La Canée, Zakro, etc., également autopsiés et rephotographiés par les auteurs.

BCILL 12: **BAL W. et GERMAIN J.,** *Guide bibliographique de linguistique romane,* VI-267 pp., 1978. Prix 685,- FB., ISBN 2-87077-097-9, 1982, ISBN 2-8017-099-1.
Conçu principalement en fonction de l'enseignement, cet ouvrage, sélectif, non exhaustif, tâche d'être à jour pour les travaux importants jusqu'à la fin de 1977. La bibliographie de linguistique romane proprement dite s'y trouve complétée par un bref aperçu de bibliographie générale et par une introduction bibliographique à la linguistique générale.

BCILL 13: **ALMEIDA I.,** *L'opérativité sémantique des récits-paraboles. Sémiotique narrative et textuelle. Herméneutique du discours religieux.* Préface de Jean LADRIÈRE, XIII-484 pp., 1978. Prix: 1.250,- FB.
Prenant comme champ d'application une analyse sémiotique fouillée des récitsparaboles de l'Évangile de Marc, ce volume débouche sur une réflexion herméneutique concernant le monde religieux de ces récits. Il se fonde sur une investigation épistémologique contrôlant les démarches suivies et situant la sémiotique au sein de la question générale du sens et de la comprehension.

BCILL 14: *Études Minoennes I: le linéaire A,* **éd. Y. DUHOUX**, 191 pp., 1978. Prix: 480,- FB.
Trois questions relatives à l'une des plus anciennes écritures d'Europe sont traitées dans ce recueil; évolution passée et état présent des recherches; analyse linguistique de la langue du linéaire A; lecture phonétique de toutes les séquences de signes éditées à ce jour.

BCILL 15: *Hethitica III*, 165 pp., 1979. Prix: 490,- FB.
Ce volume rassemble quatre études consacrées à la titulature royal hittite, la femme dans la société hittite, l'onomastique lycienne et gréco-asianique, les rituels CTH 472 contre une impureté.

BCILL 16: **GODIN P.,** *Aspecten van de woordvolgorde in het Nederlands. Een syntaktische, semantische en functionele benadering*, VI + 338 pp., 1980. Prix: 1.000,- FB., ISBN 2-87077-241-6.
In dit werk wordt de stelling verdedigd dat de woordvolgorde in het Nederlands beregeld wordt door drie hoofdfaktoren, nl. de syntaxis (in de engere betekenis van dat woord), de semantiek (in de zin van distributie van de dieptekasussen in de oppervlaktestruktuur) en het zgn. functionele zinsperspektief (d.i. de distributie van de constituenten naargelang van hun graad van communicatief dynamisme).

BCILL 17: **BOHL S.,** *Ausdrucksmittel für ein Besitzverhältnis im Vedischen und griechischen*, III + 108 pp., 1980. Prix: 360,- FB., ISBN 2-87077-170-3.
This study examines the linguistic means used for expressing possession in Vedic Indian and Homeric Greek. The comparison, based on a select corpus of texts, reveals that these languages use essentially inherited devices but with differing frequency ratios, in addition Greek has developed a verb "to have", the result of a different rhythm in cultural development.

BCILL 18: **RAISON J. et POPE M.,** *Corpus transnuméré du linéaire A*, 350 pp., 1980. Prix: 1.100,- FB.
Cet ouvrage est, d'une part, la clé à l'Index transnuméré du linéaire A des mêmes auteurs, BCILL 11: de l'autre, il ajoute aux recueils d'inscriptions déjà publiés de plusieurs côtés des compléments indispensables; descriptions, transnumérations, apparat critique, localisation précise et chronologie détaillée des textes, nouveautés diverses, etc.

BCILL 19: **FRANCARD M.,** *Le parler de Tenneville. Introduction à l'étude linguistique des parlers wallo-lorrains*, 312 pp., 1981. Prix: 780,- FB., ISBN 2-87077-000-6.
Dialectologues, romanistes et linguistes tireront profit de cette étude qui leur fournit une riche documentation sur le domaine wallo-lorrain, un aperçu général de la segmentation dialectale en Wallonie, et de nouveaux matériaux pour l'étude du changement linguistique dans le domaine gallo-roman. Ce livre intéressera aussi tous ceux qui sont attachés au patrimoine culturel du Luxembourg belge en particulier, et de la Wallonie en général.

BCILL 20: **DESCAMPS A. et al.,** *Genèse et structure d'un texte du Nouveau Testament. Étude interdisciplinaire du chapitre 11 de l'Évangile de Jean*, 292 pp., 1981. Prix: 895,- FB.
Comment se pose le problème de l'intégration des multiples approches d'un texte biblique? Comment articuler les unes aux autres les perspectives développées par l'exégèse historicocritique et les approches structuralistes? C'est à ces questions que tentent de répondre les auteurs à partir de l'étude du récit de la résurrection de Lazare. Ce volume a paru simultanément dans la collection «Lectio divina» sous le n° 104, au Cerf à Paris, ISBN 2-204-01658-6.

BCILL 21: *Hethitica IV*, 155 pp., 1981. Prix: 390,- FB., ISBN 2-87077-026.
Six contributions d'E. Laroche, F. Bader, H. Gonnet, R. Lebrun et P. Crepon sur: les noms des Hittites; hitt. zinna-; un geste du roi hittite lors des affaires agraires; vœux de la reine à Istar de Lawazantiya; pauvres et démunis dans la société hittite; le thème du cerf dans l'iconographie anatolienne.

BCILL 22: **J.-J. GAZIAUX,** *L'élevage des bovidés à Jauchelette en roman pays de Brabant. Étude dialectologique et ethnographique,* XVIII + 372 pp., 1 encart, 45 illustr., 1982. Prix: 1.170,- FB., ISBN 2-87077-137-1.
Tout en proposant une étude ethnographique particulièrement fouillée des divers aspects de l'élevage des bovidés, avec une grande sensibilité au facteur humain, cet ouvrage recueille le vocabulaire wallon des paysans d'un petit village de l'est du Brabant, contrée peu explorée jusqu'à présent sur le plan dialectal.

BCILL 23: *Hethitica V*, 131 pp., 1983. Prix: 330,- FB., ISBN 2-87077-155-X.
Onze articles de H. Berman, M. Forlanini, H. Gonnet, R. Haase, E. Laroche, R. Lebrun, S. de Martino, L.M. Mascheroni, H. Nowicki, K. Shields.

BCILL 24: **L. BEHEYDT,** *Kindertaalonderzoek. Een methodologisch handboek*, 252 pp., 1983. Prix: 620,- FB., ISBN 2-87077-171-1.
Dit werk begint met een overzicht van de trends in het kindertaalonderzoek. Er wordt vooral aandacht besteed aan de methodes die gebruikt worden om de taalontwikkeling te onderzoeken en te bestuderen. Het biedt een gedetailleerd analyserooster voor het onderzoek van de receptieve en de produktieve taalwaardigheid zowel door middel van tests als door middel van bandopnamen. Zowel onderzoek van de woordenschat als onderzoek van de grammatica komen uitvoerig aan bod.

BCILL 25: **J.-P. SONNET,** *La parole consacrée. Théorie des actes de langage, linguistique de l'énonciation et parole de la foi,* VI-197 pp., 1984. Prix: 520,- FB. ISBN 2-87077-239-4.
D'où vient que la parole de la foi ait une telle force?
Ce volume tente de répondre à cette question en décrivant la «parole consacrée», en cernant la puissance spirituelle et en définissant la relation qu'elle instaure entre l'homme qui la prononce et le Dieu dont il parle.

BCILL 26: **A. MORPURGO DAVIES - Y. DUHOUX (ed.),** *Linear B: A 1984 Survey, Proceedings of the Mycenaean Colloquium of the VIIIth Congress of the International Federation of the Societies of Classical Studies (Dublin, 27 August-1st September 1984),* 310 pp., 1985. Price: 850 FB., ISBN 2-87077-289-0.
Six papers by well known Mycenaean specialists examine the results of Linear B studies more than 30 years after the decipherment of script. Writing, language, religion and economy are all considered with constant reference to the Greek evidence of the First Millennium B.C. Two additional articles introduce a discussion of archaeological data which bear on the study of Mycenaean religion.

BCILL 27: *Hethitica VI*, 204 pp., 1985. Prix: 550 FB. ISBN 2-87077-290-4.
Dix articles de J. Boley, M. Forlanini, H. Gonnet, E. Laroche, R. Lebrun, E. Neu, M. Paroussis, M. Poetto, W.R. Schmalstieg, P. Swiggers.

BCILL 28: **R. DASCOTTE,** *Trois suppléments au dictionnaire du wallon du Centre,* 359 pp., 1 encart, 1985. Prix: 950 FB. ISBN 2-87077-303-X.
Ce travail comprend 5.200 termes qui apportent un complément substantiel au *Dictionnaire du wallon du Centre* (8.100 termes). Il est le fruit de 25 ans d'enquête sur le terrain et du dépouillement de nombreux travaux dont la plupart sont inédits, tels des mémoires universitaires. Nul doute que ces *Trois suppléments au dictionnaire du wallon du Centre* intéresseront le spécialiste et l'amateur.

BCILL 29: **B. HENRY,** *Les enfants d'immigrés italiens en Belgique francophone, Seconde génération et comportement linguistique*, 360 pp., 1985. Prix: 950 FB. ISBN 2-87077-306-4.
L'ouvrage se veut un constat de la situation linguistique de la seconde génération immigrée italienne en Belgique francophone en 1976. Il est basé sur une étude statistique du comportement linguistique de 333 jeunes issus de milieux immigrés socio-économiques modestes. Des chiffres préoccupants qui parlent et qui donnent à réfléchir...

BCILL 30: **H. VAN HOOF,** *Petite histoire de la traduction en Occident*, 105 pp., 1986. Prix: 380 FB. ISBN 2-87077-343-9.
L'histoire de notre civilisation occidentale vue par la lorgnette de la traduction. De l'Antiquité à nos jours, le rôle de la traduction dans la transmission du patrimoine gréco-latin, dans la christianisation et la Réforme, dans le façonnage des langues, dans le développement des littératures, dans la diffusion des idées et du savoir. De la traduction orale des premiers temps à la traduction automatique moderne, un voyage fascinant.

BCILL 31: **G. JUCQUOIS,** *De l'egocentrisme à l'ethnocentrisme*, 421 pp., 1986. Prix: 1.100 FB. ISBN 2-87077-352-8.
La rencontre de l'Autre est au centre des préoccupations comparatistes. Elle constitue toujours un événement qui suscite une interpellation du sujet: les manières d'être, d'agir et de penser de l'Autre sont autant de questions sur nos propres attitudes.

BCILL 32: **G. JUCQUOIS,** *Analyse du langage et perception culturelle du changement,* 240 p., 1986. Prix: 640 FB. ISBN 2-87077-353-6.
La communication suppose la mise en jeu de différences dans un système perçu comme permanent. La perception du changement ets liée aux données culturelles: le concept de différentiel, issu très lentement des mathématiques, peut être appliqué aux sciences du vivant et aux sciences de l'homme.

BCILL 33-35: **L. DUBOIS,** *Recherches sur le dialecte arcadien*, 3 vol., 236, 324, 134 pp., 1986. Prix: 1.975 FB. ISBN 2-87077-370-6.
Cet ouvrage présente aux antiquisants et aux linguistes un corpus mis à jour des inscriptions arcadiennes ainsi qu'une description synchronique et historique du dialecte. Le commentaire des inscriptions est envisagé sous l'angle avant tout philologique; l'objectif de la description de ce dialecte grec est la mise en évidence de nombreux archaïsmes linguistiques.

BCILL 36: *Hethitica VII*, 267 pp., 1987. Prix: 800 FB.
Neuf articles de P. Cornil, M. Forlanini, G. Gonnet, R. Haase, G. Kellerman, R. Lebrun, K. Shields, O. Soysal, Th. Urbin Choffray.

BCILL 37: *Hethitica VIII. Acta Anatolica E. Laroche oblata*, 426 pp., 1987. Prix: 1.300 FB.
Ce volume constitue les *Actes* du Colloque anatolien de Paris (1-5 juillet 1985): articles de D. Arnaud, D. Beyer, Cl. Brixhe, A.M. et B. Dinçol, F. Echevarria, M. Forlanini, J. Freu, H. Gonnet, F. Imparati, D. Kassab, G. Kellerman, E. Laroche, R. Lebrun, C. Le Roy, A. Morpurgo Davies et J.D. Hawkins, P. Neve, D. Parayre, F. Pecchioli-Daddi, O. Pelon, M. Salvini, I. Singer, C. Watkins.

BCILL 38: **J.-J. GAZIAUX**, *Parler wallon et vie rurale au pays de Jodoigne à partir de Jauchelette*. Avant-propos de Willy Bal, 368 pp., 1987. Prix: 790 FB.
Après avoir caractérisé le parler wallon de la région de Jodoigne, l'auteur de ce livre abondamment illustré s'attache à en décrire le cadre villageois, à partir de Jauchelette. Il s'intéresse surtout à l'évolution de la population et à divers aspects de la vie quotidienne (habitat, alimentation, distractions, vie religieuse), dont il recueille le vocabulaire wallon, en alliant donc dialectologie et ethnographie.

BCILL 39: **G. SERBAT,** *Linguistique latine et Linguistique générale*, 74 pp., 1988. Prix: 280 FB. ISBN 90-6831-103-4.
Huit conférences faites dans le cadre de la Chaire Francqui, d'octobre à décembre 1987, sur: le temps; deixis et anaphore; les complétives; la relative; nominatif; génitif partitif; principes de la dérivation nominale.

BCILL 40: *Anthropo-logiques*, éd. D. Huvelle, J. Giot, R. Jongen, P. Marchal, R. Pirard (Centre interdisciplinaire de Glossologie et d'Anthropologie Clinique), 202 pp., 1988. Prix: 600 FB. ISBN 90-6831-108-5.
En un moment où l'on ne peut plus ignorer le malaise épistémologique où se trouvent les sciences de l'humain, cette série nouvelle publie des travaux situés dans une perspective anthropo-logique unifiée mais déconstruite, épistémologiquement et expérimentalement fondée. Domaines abordés dans ce premier numéro: présentation générale de l'anthropologie clinique; épistémologie; linguistique saussurienne et glossologie; méthodologie de la description de la grammaticalité langagière (syntaxe); anthropologie de la personne (l'image spéculaire).

BCILL 41: **M. FROMENT,** *Temps et dramatisations dans les récits écrits d'élèves de 5ème*, 268 pp., 1988. Prix: 850 FB.
Les récits soumis à l'étude ont été analysés selon les principes d'une linguistique qui intègre la notion de circulation discursive, telle que l'a développée M. Bakhtine.
La comparaison des textes a fait apparaître que le temps était un principe différenciateur, un révélateur du type d'histoire racontée.
La réflexion sur la temporalité a également conduit à constituer une typologie des textes intermédiaire entre la langue et la diversité des productions, en fonction de leur homogénéité.

BCILL 42: **Y.L. ARBEITMAN** (ed.), *A Linguistic Happening in Memory of Ben Schwartz. Studies in Anatolian, Italic and Other Indo-European Languages,* 598 pp., 1988. Prix: 1800,- FB.
36 articles dédiés à la mémoire de B. Schwartz traitent de questions de linguistique anatolienne, italique et indo-européenne.

BCILL 43: *Hethitica IX*, 179 pp., 1988. Prix: 540 FB. ISBN. Cinq articles de St. DE MARTINO, J.-P. GRÉLOIS, R. LEBRUN, E. NEU, A.-M. POLVANI.

BCILL 44: **M. SEGALEN** (éd.), *Anthropologie sociale et Ethnologie de la France*, 873 pp., 1989. Prix: 2.620 FB. ISBN 90-6831-157-3 (2 vol.).
Cet ouvrage rassemble les 88 communications présentées au Colloque International «Anthropologie sociale et Ethnologie de la France» organisé en 1987 pour célébrer le cinquantième anniversaire du Musée national des Arts et Traditions populaires (Paris), une des institutions fondatrices de la discipline. Ces textes montrent le dynamisme et la diversité de l'ethnologie chez soi. Ils sont organisés autour de plusieurs thèmes: le regard sur le nouvel «Autre», la diversité des cultures et des identités, la réévaluation des thèmes classiques du symbolique, de la parenté ou du politique, et le rôle de l'ethnologue dans sa société.

BCILL 45: **J.-P. COLSON,** *Krashens monitortheorie: een experimentele studie van het Nederlands als vreemde taal. La théorie du moniteur de Krashen: une étude expérimentale du néerlandais, langue étrangère*, 226 pp., 1989. Prix: 680 FB. ISBN 90-6831-148-4.
Doel van dit onderzoek is het testen van de monitortheorie van S.D. Krashen in verband met de verwerving van het Nederlands als vreemde taal. Tevens wordt uiteengezet welke plaats deze theorie inneemt in de discussie die momenteel binnen de toegepaste taalwetenschap gaande is.

BCILL 46: *Anthropo-logiques* 2 (1989), 324 pp., 1989. Prix: 970 FB. ISBN 90-6831-156-5.
Ce numéro constitue les Actes du Colloque organisé par le CIGAC du 5 au 9 octobre 1987. Les nombreuses interventions et discussions permettent de dégager la spécificité épistémologique et méthodologique de l'anthropologie clinique: approches (théorique ou clinique) de la rationalité humaine, sur le plan du signe, de l'outil, de la personne ou de la norme.

BCILL 47: **G. JUCQUOIS,** *Le comparatisme*, t. 1: *Généalogie d'une méthode*, 206 pp., 1989. Prix: 750 FB. ISBN 90-6831-171-9.
Le comparatisme, en tant que méthode scientifique, n'apparaît qu'au XIXe siècle. En tant que manière d'aborder les problèmes, il est beaucoup plus ancien. Depuis les premières manifestations d'un esprit comparatiste, à l'époque des Sophistes de l'Antiquité, jusqu'aux luttes théoriques qui préparent, vers la fin du XVIIIe siècle, l'avènement d'une méthode comparative, l'histoire des mentalités permet de préciser ce qui, dans une société, favorise l'émergence contemporaine de cette méthode.

BCILL 48: **G. JUCQUOIS,** *La méthode comparative dans les sciences de l'homme*, 138 pp., 1989. Prix: 560 FB. ISBN 90-6831-169-7.
La méthode comparative semble bien être spécifique aux sciences de l'homme. En huit chapitres, reprenant les textes de conférences faites à Namur en 1989, sont présentés les principaux moments d'une histoire du comparatisme, les grands traits de la méthode et quelques applications interdisciplinaires.

BCILL 49: *Problems in Decipherment*, edited by **Yves DUHOUX, Thomas G. PALAIMA and John BENNET**, 1989, 216 pp. Price: 650 BF. ISBN 90-6831-177-8.
Five scripts of the ancient Mediterranean area are presented here. Three of them are still undeciphered — "Pictographic" Cretan; Linear A; Cypro-Minoan. Two papers deal with Linear B, a successfully deciphered Bronze Age script. The last study is concerned with Etruscan.

BCILL 50: **B. JACQUINOD,** *Le double accusatif en grec d'Homère à la fin du Ve siècle avant J.-C.* (publié avec le concours du Centre National de la Recherche Scientifique), 1989, 305 pp. Prix: 900 FB. ISBN 90-6831-194-8.
Le double accusatif est une des particularités du grec ancien: c'est dans cette langue qu'il est le mieux représenté, et de beaucoup. Ce tour, loin d'être un archaïsme en voie de disparition, se développe entre Homère et l'époque classique. Les types de double accusatif sont variés et chacun conduit à approfondir un fait de linguistique générale: expression de la sphère de la personne, locution, objet interne, transitivité, causativité, etc. Un livre qui intéressera linguistes, hellénistes et comparatistes.

BCILL 51: **Michel LEJEUNE,** *Méfitis d'après les dédicaces lucaniennes de Rossano di Vaglio*, 103 pp., 1990. Prix: 400,- FB. ISBN 90-6831-204-3.
D'après l'épigraphie, récemment venue au jour, d'un sanctuaire lucanien (-IVe/-Ier s.), vues nouvelles sur la langue osque et sur le culte de la déesse Méfitis.

BCILL 52: *Hethitica* X, 211 pp., 1990. Prix: 680 FB. Sept articles de P. Cornil, M. Forlanini, H. Gonnet, J. Klinger et E. Neu, R. Lebrun, P. Taracha, J. Vanschoonwinkel. ISBN 90-6831-288-X.

BCILL 53: **Albert MANIET**, *Phonologie quantitative comparée du latin ancien*, 1990, 362 pp. Prix: 1150 FB. ISBN 90-6831-225-1.
Cet ouvrage présente une statistique comparative, accompagnée de remarques d'ordre linguistique, des éléments et des séquences phoniques figurant dans un corpus latin de 2000 lignes, de même que dans un état plus ancien de ce corpus, reconstruit sur base de la phonétique historique des langues indo-européennes.

BCILL 54-55: **Charles de LAMBERTERIE**, *Les adjectifs grecs en -υς. Sémantique et comparaison* (publié avec le concours de l'Académie des Inscriptions et Belles-Lettres, du Centre National de la Recherche Scientifique et de la Fondation Calouste Gulbenkian), 1.035 pp., 1990. Prix: 1980 FB. ISBN tome I: 90-6831-251-0; tome II: 90-6831-252-9.
Cet ouvrage étudie une classe d'adjectifs grecs assez peu nombreuse (une quarantaine d'unités), mais remarquable par la cohérence de son fonctionnement, notamment l'aptitude à former des couples antonymiques. On y montre en outre que ces adjectifs, hérités pour la plupart, fournissent une riche matière à la recherche étymologique et jouent un rôle important dans la reconstruction du lexique indo-européen.

BCILL 56: **A. SZULMAJSTER-CELNIKIER,** *Le yidich à travers la chanson populaire. Les éléments non germaniques du yidich*, 276 pp., 22 photos, 1991. Prix: 1490 FB. ISBN 90-6831-333-9.

BCILL 57: *Anthropo-logiques 3* (1991), 204 pp., 1991. Prix: 695 FB. ISBN 90-6831-345-2.
Les textes de ce troisième numéro d'*Anthropo-logiques* ont en commun de chercher épistémologiquement à déconstruire les phénomènes pour en cerner le fondement. Ils abordent dans leur spécificité humaine le langage, l'expression numérale, la relation clinique, le corps, l'autisme et les psychoses infantiles.

BCILL 58: **G. JUCQUOIS - P. SWIGGERS** (éd.), *Comparatisme 3: Le comparatisme devant le miroir*, 155 pp., 1991. Prix: 540 FB. ISBN 90-6831-363-0.
Dix articles de E. Gilissen, G.-G. Granger, C. Hagège, G. Jucquois, H.G. Moreira Freire de Morais Barroco, P. Swiggers, M. Van Overbeke.

BCILL 59: *Hethitica XI,* 136 pp., 1992. Prix: 440 FB. ISBN 90-6831-394-0.
Six articles de T.R. Bryce, S. de Martino, J. Freu, R. Lebrun, M. Mazoyer et E. Neu.

BCILL 60: **A. GOOSSE,** *Mélanges de grammaire et de lexicologie françaises*, XXVIII-450 pp., 1991. Prix: 1.600 FB. ISBN 90-6831-373-8.
Ce volume réunit un choix d'études de grammaire et de lexicologie françaises d'A. Goosse. Il est publié par ses collègues et collaborateurs à l'Université Catholique de Louvain à l'occasion de son accession à l'éméritat.

BCILL 61: **Y. DUHOUX,** *Le verbe grec ancien. Éléments de morphologie et de syntaxe historiques,* 549 pp., 1992. Prix: 1650 FB. ISBN 90-6831-387-8.
Ce livre étudie la structure et l'histoire du système verbal grec ancien. Menées dans une optique structuraliste, les descriptions morphologiques et syntaxiques sont toujours associées, de manière à s'éclairer mutuellement. Une attention particulière a été consacrée à la délicate question de l'aspect verbal. Les données quantitatives ont été systématiquement traitées, grâce à un *corpus* de plus de 100.000 formes verbales s'échelonnant depuis Homère jusqu'au IVe siècle avant J.-C.

BCILL 62: **D. da CUNHA,** *Discours rapporté et circulation de la parole,* 1992, 231 pp., Prix: 740 FB. ISBN 90-6831-401-7.
L'analyse pragmatique de la circulation de la parole entre un discours source, six rapporteurs et un interlocuteur montre que le discours rapporté ne peut se réduire aux styles direct, indirect et indirect libre. Par sa façon de reprendre les propos qu'il cite, chaque rapporteur privilégie une variante personnelle dans laquelle il leur prête sa voix, allant jusqu'à forger des citations pour mieux justifier son propre discours.

BCILL 63: **A. OUZOUNIAN,** *Le discours rapporté en arménien classique*, 1992, 300 pp., Prix: 990 FB. ISBN 90-6831-456-4.

BCILL 64: **B. PEETERS,** *Diachronie, Phonologie et Linguistique fonctionnelle,* 1992, 194 pp., Prix: 785 FB. ISBN 90-6831-402-5.

BCILL 65: **A. PIETTE,** *Le mode mineur de la réalité. Paradoxes et photographies en anthropologie*, 1992, 117 pp., Prix: 672 FB. ISBN 90-6831-442-4.

BCILL 66: **Ph. BLANCHET** (éd.), *Nos langues et l'unité de l'Europe. Actes des Colloques de Fleury (Normandie) et Maiano (Prouvènço)*, 1992, 113 pp., Prix: 400 FB. ISBN 90-6831-439-4.
Ce volume envisage les problèmes posés par la prise en compte de la diversité linguistique dans la constitution de l'Europe. Universitaires, enseignants, écrivains, hommes politiques, responsables de structures éducatives, économistes, animateurs d'associations de promotion des cultures régionales présentent ici un vaste panorama des langues d'Europe et de leur gestion socio-politique.

BCILL 67: *Anthropo-logiques* 4 1992, 155 pp. Prix: 540 FB. ISBN 90-6831-000-0.
Une fois encore, l'unité du propos de ce numéro d'*Anthropo-logiques* ne tient pas tant à l'objet — bien qu'il soit relativement circonscrit: l'humain (on étudie ici la faculté de concevoir, la servitude du vouloir, la dépendance de l'infantile et la parenté) — qu'à la méthode, dont les deux caractères principaux sont justement les plus malaisés à conjoindre: une approche dialectique et analytique.

BCILL 68: **L. BEHEYDT (red.),** *Taal en leren. Een bundel artikelen aangeboden aan prof. dr. E. Nieuwborg,* pp., 1993. Prix: FB. ISBN 90-6831-000-0.
Deze bundel, die helemaal gewijd is aan toegepaste taalkunde en vreemde-talen-onderwijs, bestaat uit vijf delen. Een eerste deel gaat over evaluatie in het v.t.-onderwijs. Een tweede deel betreft taalkundige analyses in functie van het v.t.-onderwijs. Een derde deel bevat contrastieve studies terwijl een vierde deel over methodiek gaat. Het laatste deel, ten slotte, is gericht op het verband taal en cultuur.

SÉRIE PÉDAGOGIQUE DE L'INSTITUT DE LINGUISTIQUE DE LOUVAIN (SPILL).

SPILL 1: **G. JUCQUOIS,** avec la collaboration de **J. LEUSE**, *Conventions pour la présentation d'un texte scientifique*, 1978, 54 pp. (épuisé).

SPILL 2: **G. JUCQUOIS**, *Projet pour un traité de linguistique différentielle*, 1978, 67 pp. Prix: 170,- FB.
Exposé succinct destiné à de régulières mises à jour de l'ensemble des projets et des travaux en cours dans une perspective différentielle au sein de l'Institut de Linguistique de Louvain.

SPILL 3: **G. JUCQUOIS,** *Additions 1978 au «Projet pour un traité de linguistique différentielle»*, 1978, 25 pp. Prix: 70,- FB.

SPILL 4: **G. JUCQUOIS,** *Paradigmes du vieux-slave*, 1979, 33 pp. (épuisé).

SPILL 5: **W. BAL - J. GERMAIN**, *Guide de linguistique*, 1979, 108 pp. Prix: 275,- FB.
Destiné à tous ceux qui désirent s'initier à la linguistique moderne, ce guide joint à un exposé des notions fondamentales et des connexions interdisciplinaires de cette science une substantielle documentation bibliographique sélective, à jour, classée systématiquement et dont la consultation est encore facilitée par un index détaillé.

SPILL 6: **G. JUCQUOIS - J. LEUSE,** *Ouvrages encyclopédiques et terminologiques en sciences humaines*, 1980, 66 pp. Prix: 165,- FB.
Brochure destinée à permettre une première orientation dans le domaine des diverses sciences de l'homme. Trois sortes de travaux y sont signalés: ouvrages de terminologie, ouvrages d'introduction, et ouvrages de type encyclopédique.

SPILL 7: **D. DONNET**, *Paradigmes et résumé de grammaire sanskrite,* 64 pp., 1980. Prix: 160,- FB.
Dans cette brochure, qui sert de support à un cours d'initiation, sont envisagés: les règles du sandhi externe et interne, les paradigmes nominaux et verbaux, les principes et les classifications de la composition nominale.

SPILL 8-9: **L. DEROY,** *Padaśas. Manuel pour commencer l'étude du sanskrit même sans maître*, 2 vol., 203 + 160 pp., 2e éd., 1984. Epuisé.
Méthode progressive apte à donner une connaissance élémentaire et passive du sanskrit (en transcription). Chaque leçon de grammaire est illustrée par des textes simples (proverbes, maximes et contes). Le second volume contient un copieux lexique, une traduction des textes (pour contrôle) et les éléments pour étudier, éventuellement, à la fin, l'écriture nâgarî.

SPILL 10: *Langage ordinaire et philosophie chez le second WITTGENSTEIN. Séminaire de philosophie du langage 1979-1980,* **édité par J.F. MALHERBE,** 139 pp., 1980. Prix: 350,- FB. ISBN 2-87077-014-6.
Si, comme le soutenait Wittgenstein, **la signification c'est l'usage**, c'est en étudiant l'usage d'un certain nombre de termes clés de la langue du philosophe que l'on pourra, par-delà le découpage de sa pensée en aphorismes, tenter une synthèse de quelques thèmes majeurs des **investigations philosophiques.**

SPILL 11: **J.M. PIERRET,** *Phonétique du français. Notions de phonétique générale et phonétique du français,* V-245 pp. + 4 pp. hors texte, 1985. Prix: 550,- FB. ISBN 2-87077-018-9.
Ouvrage d'initiation aux principaux problèmes de la phonétique générale et de la phonétique du français. Il étudie, en outre, dans une section de phonétique historique, l'évolution des sons, du latin au français moderne.

SPILL 12: **Y. DUHOUX**, *Introduction aux dialectes grecs anciens. Problèmes et méthodes. Recueil de textes traduits,* 111 pp., 1983. Prix: 280,- FB. ISBN 2-87077-177-0.
Ce petit livre est destiné aux étudiants, professeurs de grec et lecteurs cultivés désireux de s'initier à la dialectologie grecque ancienne: description des parlers; classification dialectale; reconstitution de la préhistoire du grec. Quatorze cartes et tableaux illustrent l'exposé, qui est complété par une bibliographie succincte. La deuxième partie de l'ouvrage rassemble soixante-huit courtes inscriptions dialectales traduites et accompagnées de leur bibliographie.

SPILL 13: **G. JUCQUOIS,** *Le travail de fin d'études. Buts, méthode, présentation,* 82 pp., 1984. (épuisé).

SPILL 14: **J. VAN ROEY,** *French-English Contrastive Lexicology. An Introduction,* 145 pp., 1990. Prix: 460,- FB. ISBN 90-6831-269-3.
This textbook covers more than its title suggests. While it is essentially devoted to the comparative study of the French and English vocabularies, with special emphasis on the deceptiveness of alleged transformational equivalence, the first part of the book familiarizes the student with the basic problems of lexical semantics.

SPILL 15: **Ph. BLANCHET,** *Le provençal. Essai de description sociolinguistique et différentielle,* 224 pp., 1992. Prix: 740,- FB. ISBN 90-6831-428-9.
Ce volume propose aux spécialistes une description scientifique interdisciplinaire cherchant à être consciente de sa démarche et à tous, grand public compris, pour la première fois, un ensemble d'informations permettant de se faire une idée de ce qu'est la langue de la Provence.

SPILL 16: **T. AKAMATSU,** *Essentials of Functional Phonology*, with a Foreword by André MARTINET, XI-193 pp., 1992. Prix: 680 FB. ISBN 90-6831-413-0.
This book is intended to provide a panorama of *synchronic functional phonology* as currently practised by the author who is closely associated with André Martinet, the most distinguished leader of functional linguistics of our day. Functional phonology studies the phonic substance of languages in terms of the various functions it fulfils in the process of language communication.

SPILL 17: **C.M. FAÏK-NZUJI,** *Éléments de phonologie et de morphophonologie des langues bantu*, 163 pp., 1992. Prix: 550 FB. ISBN 90-6831-440-8.
En cinq brefs chapitres, cet ouvrage présente, de façon claire et systématique, les notions élémentaires de la phonologie et de la morphophonologie des langues de la famille linguistique bantu. Une de ses originalités réside dans ses *Annexes et Documents*, où sont réunis quelques systèmes africains d'écriture ainsi que quelques principes concrets pour une orthographe fonctionnelle des langues bantu du Zaïre.